RAINER KÖPF
Wir gehn dahin und wandern
EINE REISE ZU PAUL GERHARDT

RAINER KÖPF

Wir gehn dahin und wandern

&

EINE REISE
ZU PAUL GERHARDT

CALWER

MIT FREUNDLICHER UNTERSTÜTZUNG
DER CALWER VERLAG-STIFTUNG

Bildnachweis
Archiv für Kunst und Geschichte, Berlin: S. 75, 187
epd-Bild-Frankfurt: S. 50
Rainer Köpf: S. 92, 103, 119, 127, 143, 159, 171
Stadt Gräfenhainichen: S. 28, 36

Bibliografische Information Der Deutschen Bibliothek

Die Deutsche Bibliothek verzeichnet diese Publikation
in der Deutschen Nationalbibliografie; detaillierte bibliografische Daten
sind im Internet über http://dnd.ddb.de abrufbar.

ISBN 13: 978-3-7668-3936-7
ISBN 10:   3-7668-3936-5

© 2007 by Calwer Verlag Stuttgart
Alle Rechte vorbehalten. Wiedergabe, auch auszugsweise,
nur mit Genehmigung des Verlags.
Umschlagbild: Ölgemälde eines unbekannten Meisters
in der Lübbener Kirche © Verlag Merseburger, Kassel
Umschlaggestaltung: ES Typo-Graphic, Ellen Steglich, Stuttgart
Typographie und Satz: ES Typo-Graphic, Ellen Steglich, Stuttgart
Herstellung: ES Typo-Graphic, Ellen Steglich, Stuttgart
Druck und Verarbeitung: Westemann Druck Zwickau GmbH
E-Mail: info@calwer.com; Internet: www.calwer.com

Danken möchte ich
Frau Oberlehrerin i. R. Getraud Tertel
und Herrn Kirchenrat i. R. Hans Lachenmann
für die fachliche Beratung
sowie meiner Frau Mechthild und den Kindern
Magdalene, Frieder und Paul,
die mir die Zeit für dieses Buch geschenkt haben.

Inhalt

Einführung
MEIN WEG ZU PAUL GERHARDT ... 9

Kindheit in Gräfenhainichen (1607–1622)
SEHEN LERNEN ... 26

Schulzeit in Grimma (1622–1627)
DAS MASS FINDEN ... 52

Theologiestudium in Wittenberg (1628–1642)
AUS DER QUELLE SCHÖPFEN ... 73

Hauslehrer in Berlin (1643–1651)
AUS DEM SCHATTEN HERAUS ... 94

Propst in Mittenwalde (1651–1657)
MITTEN IM LEBEN ... 113

Pfarrer in Berlin (1657–1669)
GEFANGEN IM GEWISSEN ... 136

Letzte Jahre in Lübben (1669–1676)
HEIMKOMMEN ... 167

Mit Gerhardts Erbe leben ... 182

Lebensdaten von Paul Gerhardt ... 188

Ausgewählte Literatur ... 190

Anhang
Reiseinformationen zum
„Paul-Gerhardt -Land" ... 192

Einführung

Mein Weg zu Paul Gerhardt

Gräfenhainichen am 12. März 1907: In Paul Gerhardts Herkunftsort wird dessen 300. Geburtstag gefeiert. Eine hochoffizielle Begehung! Das kleine, ehemals kursächsische Landstädtchen am Rande der Dübener Heide ist mit Fahnen und Farben üppig geschmückt. Dem eindrucksvollen Jubiläumsgottesdienst in der Taufkirche Gerhardts folgt ein prächtiger Umzug durch die Straßen der Stadt. Vorneweg die Stadtkappelle, die den Weg bahnt für die würdige Geistlichkeit: ein hochlutherischer Generalsuperintendent an der Spitze. Danach, der üblichen Rangordnung folgend: Landrat, Beamte, Schulen, Handwerkszünfte, Vereine, Groß und Klein, Alt und Jung. Alles ist auf den Beinen. Das „Jubiläumswetter" wird im Zeitungsbericht als „wechselhaft" beschrieben: „Zwischen Sonnenschein und mehreren Schneeschauern" – vielleicht vielsagend für das Wirken Paul Gerhardts – „doch am Ende siegt das Licht." Die Gesellschaft beschließt die Veranstaltung mit dem von allen auswendig gesungenen Choral: „Du meine Seele singe, wohlauf und singe schön" (EG 302). Als mächtiger Hymnus erhebt sich das Loblied hinauf zu dem nunmehr klar blau geöffneten Himmel. Ein Hochfest der Allianz von Thron und Altar! Und Paul Gerhardt im Mittelpunkt, ein bekannter Dichter der preußisch-protestantischen Gesellschaft, von allen geschätzt und verehrt.

Es ist die Zeit, in der es noch zum guten Ton gehört, täglich die Bibel zu lesen und Paul-Gerhardt-Lieder zu singen. Es sind die Kinder, die schon im Mutterleib seine Choräle gehört und sie in den regelmäßigen Hausandachten zeitgleich fast mit dem eigenen Sprechen auswendig gelernt haben. Es sind die Menschen, die noch die warme, segnende Hand der Mutter fühlen, wenn sie ihr Abendgebet sprechen: „Breit aus die Flügel beide, oh Jesu meine Freude und nimm dein Küchlein ein" (EG 477,8).

Das Jahr 1907 im evangelischen Deutschland: Das ist eine bürgerliche Welt, die Geborgenheit, Bestätigung und Trost in diesen Liedern findet. Paul Gerhardt ist unbestrittener und „inkulturierter" Bestandteil dieser Welt. Man begegnet ihm an vielen Stellen des Alltags vom Morgen bis zum Abend, von der Wiege bis zur Bahre, von Advent bis Totensonntag. Geliebt vom Volk, geschätzt bei den Gebildeten. Paul Gerhardt ist wie ein naher Verwandter, ein alter Bekannter, ein Vertrauter, der Generationen übergreifend die Familie begleitet. Ganz nahe und tief am Herzen.

Vieles hat sich da in den letzten hundert Jahren gewandelt. Bei meinem Besuch im Gräfenhainichen musste ich auf der Paul-Gerhardt-Straße sechs Mal fragen, bis jemand etwas mit dem Namen des Liederdichters anzufangen wusste. In dem Land, in dem Paul Gerhardt wirkte, ist die Zahl der Kirchenmitglieder auf unter zwanzig Prozent gesunken. Gerhardts Lieder sind weitgehend unbekannt, aber nicht bloß im Osten, auch in den alten Bundesländern. An religiösem Liedgut kennen Kinder allenfalls noch „Ein kleiner Spatz zur Erde fällt" oder „Herr, deine Liebe ist wie Gras und Ufer".

In der sechsten Klasse erzähle ich den Schülern von Paul Gerhardt. Sein Name und seine Lieder sind für die allermeisten völlig neu, selbst für die Kinder aus „kirchlichen" Häusern. Beim Elternabend meint ein Vater: „Warum soll man denn diese Lieder lernen? Die sind so alt, da geht doch die Gruft auf!" Viele Wissenschaftler und Künstler bestätigen es: Man kann heute gebildet sein, ohne Paul Gerhardt zu kennen. Ist aus dem einst Vertrauten heute ein Fremder geworden? Der früher so nahe war, ist er nun für viele in weite Ferne gerückt, an den Rand des Lebens und den Rand der Gesellschaft, allenfalls ein Liederdichter für den Notfall?

Als Gemeindepfarrer spürt man, dass viele Menschen heute zur Kirche ein ähnliches Verhältnis haben wie zur Feuerwehr, nach dem Motto: Gut dass es sie gibt, aber noch besser, wenn man sie nicht braucht. Und wenn überhaupt, dann sind schnelle Einsätze gefragt: Brandlöschung statt Fundamentlegung. Darunter leidet Paul Gerhardt. Er taugt nicht zur bloßen Bedürfnisbefriedigung. Er singt nicht nur für den Notfall, sondern fürs ganze Leben. Er braucht es, dass man seine Worte im Herzen bewegt, dass man lange an ihnen reibt, wie an dem „Kräutlein der Heiligen Schrift" (Luther). Dann entfaltet er – als ein Geschenk – irgendwann seinen unnachahmlichen Duft, den Geschmack der Ewigkeit.

Wer ist Paul Gerhardt für uns heute, in der Nach-Wendezeit am Beginn des dritten Jahrtausends? Ist er uns verloren gegangen, in weite Ferne gerückt? Lohnt es sich überhaupt, ihn wiederzufinden? Oder gehört er in eine kaiserlich-bürgerliche Welt des kirchlich geprägten Mittelstandes, die längst untergegangen ist?

Ich habe Paul Gerhardt erst im Laufe von Jahren richtig kennengelernt. Während meiner ganzen Schulzeit in den siebziger Jahren habe ich überhaupt nur ein einziges Gedicht auswendig gelernt, den „Septembermorgen" von Eduard Mörike. Das geschah bei einer älteren Lehrerin, die sich fast dafür geschämt hat und eine Schulstunde lang begründen musste, weshalb dieses Gedicht jetzt zu lernen sei. In einer scharfen Diskussion haben ihr einige Mitschüler ihre Vergangenheit beim

„Bund-Deutscher-Mädel" vorgehalten und gemeint: „Die autoritären Zeiten sind vorbei. Wir sprechen nicht bloß blind nach, wir reden und denken selber! Auswendiglernen macht abhängig." In der Zeit nach 1968 galt bei vielen das reine Auswendiglernen als verpönt, als indoktrinierend und unkritisch, als ausschließlich gesellschaftserhaltend. Nicht Imitation, sondern Aktion war angesagt, nicht Bestätigung, sondern Veränderung.

Ein einziges auswendig gelerntes Gedicht in dreizehn Jahren Schulzeit, mehr nicht! Sind das nicht verpasste Möglichkeiten? Wenn ich mich heute darum bemühe, Gerhardts Lieder zu verinnerlichen, dann geht das oft nur schwer und ich brauche tagelang, bis die Strophe wirklich auswendig sitzt. Und wie frustrierend ist es, dass nach einem halben Jahr schon wieder fast alles vergessen ist. Da schaut man dann bewundernd auf manche Alten, die noch im Sterben Liedstrophen und Bibelworte aufsagen und gewiss machend beten können. Das Auswendiglernen gehört in die ersten Takte des Lebens, wenn Kopf und Herz noch frei sind. Es hilft einem, die Welt zu deuten. Muss man denn immer alles gleich verstehen, alle Worte und Formulierungen? Kann man in vorgegebene Begriffe und Strophen nicht auch hineinwachsen wie in einen Mantel, der dem Kind vielleicht noch zu groß ist, aber den erwachsen Gewordenen schützt und wärmt? Gibt es nicht unzählig viel Vorgegebenes und Vorbestimmtes in unserem Leben, in das wir einfach hineingeboren werden, ohne selbst Entscheidungen dafür treffen zu können? Mit welchen letzten Worten wird wohl meine Generation eines Tages sterben?

In der Kinderkirche habe ich zum ersten Mal Paul Gerhardts Lieder gehört. „Ein Lämmlein geht und trägt die Schuld" (EG 83) war das Lieblingslied unserer Kinderkirchtante. Es war schwer zu singen und auch schwer zu verstehen. Im Text reimt sich auf „Sünder" das Wort „Kinder". Die „Würgebank" macht den Kleinen Angst. Man fürchtet sich vor den „Zornesruten".

Fremd war es mir damals als 7-Jähriger, heute treffe ich in ihm auf einen alten Bekannten, der mir gut tut. Für mich als Pfarrer, oft in der Gefahr, die Sorgenlast der ganzen Gemeinde auf die eigenen Schultern nehmen zu wollen und davon erdrückt zu werden, hat dieser Zuspruch des göttlichen Lammes etwas Befreiendes: „Ich will dir's tragen!" Paul Gerhardt zum Aufatmen.

Dann die Zeit im Schulchor des Marbacher Schiller-Gymnasiums. Eher unbewusst begegnet mir dort der Gräfenhainicher Liederdichter. Ein engagierter Chorleiter singt mit uns die großen Bach-Oratorien. Wir arbeiten hart an den fugenartigen Eingangschören. Da ist viel Bewegung, viel Mühe, fast ein wenig Unruhe. Und dann zum Ende der Übungsstunde immer die Entspannung, als käme man ans Ziel: Choralsätze mit Texten von Paul Gerhardt: „Wenn ich einmal soll scheiden, so scheide nicht von mir" (EG 85,9). In drei verschiedenen Stimmlagen habe ich in unterschiedlichen Altersstufen im Schulchor diesen Bachsatz gesungen. Aber für jede Stimmführung gilt: Text und Ton, Wort und Klang entsprechen sich wie Form und Inhalt, haben etwas Vollkommenes, Vollendetes, Absolutes. Paul Gerhardt und Johann Sebastian Bach sind ganz dicht beieinander, ganz dicht auch beim biblischen Wort des Evangelisten in der geprägten Formulierung Martin Luthers. In mir wächst eine frühe Ahnung: Hier sind drei große Männer beieinander. Man muss sie in einem Atemzug nennen. Ein großes Dreigestirn am evangelischen Himmel, das beleuchtet wird von ein und demselben Licht her.

Einen Schritt näher zu Paul Gerhardt brachte mich auch mein Konfirmandenunterricht. Ein kritischer Pädagoge hat mir später mal gesagt: „Schafft den Konfirmandenunterricht ab oder verlegt ihn! In diesem Alter bleibt doch nichts hängen. Mit vierzehn hat man andere Probleme. Da interessiert einen das andere Geschlecht und nicht die Kirche!" Meine Erfahrung ist eine andere.

Genau dieses Alter ist die Zeit der Entscheidungen und Prägungen. Wenn es um Liebe geht, hat auch der Glaube seinen Platz. Vielleicht vergessen wir viele Details des Unterrichtes, aber es bleibt doch oft ein gewisser Gesamteindruck zurück, viel Unbewusstes und auf jeden Fall ein Gefühl für Kirche und Glauben. Bewusst wird einem das erst, wenn man auf Menschen trifft, die nie Religions- oder Konfirmandenunterricht erlebt haben.

Mein Konfirmator war ein älterer Pfarrer, der ursprünglich Ingenieur werden wollte. Seine praktisch-technische Begabung war offensichtlich. Er war ein Meister im Reparieren von kaputten Reißverschlüssen. Durch die Erfahrungen des Zweiten Weltkrieges wurde sein Lebensweg in eine andere Richtung gelenkt und er studierte Theologie. Er hat uns Konfirmanden gegenüber durchaus zugegeben, dass er manchmal auch an seiner pastoralen Berufung gezweifelt habe. Es war ihm klar, dass er eine eher schwere Zunge hatte. Er war kein wortgewaltiger Redner, aber dafür zutiefst glaubwürdig und ausgestattet mit viel Wissen, Weisheit und Wahrhaftigkeit. Er sang mit uns Paul-Gerhardt-Lieder, die für ihn „im Kugelhagel und in der russischen Gefangenschaft", wie er uns versicherte, „überlebensnotwendig" gewesen seien.

Ich erfuhr zum ersten Mal etwas über das Leben dieses großen Liederdichters: dass Gerhardt im Dreißigjährigen Krieg gelebt und gelitten habe, dass seine Lieder aus schwerer Not heraus entstanden seien, dass er zu einem bewährten Tröster der Christenheit geworden sei. Ich hörte von den Hitlerattentätern, die mit Paul Gerhardts Texten täglich umgingen und an seinem Widerstand gegen die Politik des brandenburgischen „großen Kurfürsten" etwas für ihren eigenen Widerstand gelernt haben. Er sagte uns: „Ein in Christus gebundenes Gewissen kann uns dazu nötigen, dem Rad der Macht in die Speichen zu fallen." Und er erwähnte dabei Dietrich Bonhoeffer, der sich in seiner Gefangenschaft in Berlin-

Tegel mit diesen Liedern aufrichtete und „froh" war am inneren „Besitz" dieser Texte. Er schilderte uns das Ende der Widerstandskämpferin Elisabeth von Thadden, die durch einen Spitzel an die Gestapo verraten wurde und trotz Folter keinen Namen ihrer Freunde verraten habe. Sie sei am Schluss sicheren Schrittes und ohne Zittern auf den Weg zum Hinrichtungsraum gegangen und habe zuletzt die Worte gesprochen:

> Mach End, o Herr, mach Ende
> mit aller unsrer Not;
> stärk unsre Füß und Hände
> und laß bis in den Tod
> uns allzeit deiner Pflege
> und Treu befohlen sein,
> so gehen unsre Wege
> gewiß zum Himmel ein.
>
> EG 361,12

Für mich ein zutiefst emotionaler Zugang zu Paul Gerhardt: Halt und Trost in Zeiten der Anfechtung und des Kampfes.

Zwei Jahre nach meiner Konfirmation starb unser Marbacher Dekan. Er war Mitte fünfzig. Ich erlebte zum ersten Mal ein geradezu öffentliches Sterben. Vom Tode gezeichnet hielt er seine letzten Predigten. Ein Zeuge christlicher Gewissheit. In Tapferkeit und Ehrlichkeit erwähnte er ganz offen seine tödliche Krankheit, sprach aber auch umso kräftiger von der „Hoffnung, die in uns ist". Die Liturgie seiner Beerdigung hatte er noch selbst wenige Tage vor seinem Tod festgelegt. Die Kirche war überfüllt von über tausend schwarz gekleideten Menschen als der Sarg hereingetragen wurde. Diesem folgten die 25 Pfarrer des Kirchenbezirks im schwarzen Talar. Die Gemeinde sang stehend Paul Gerhardts „christliches Antimelancholikum":

15

Warum sollt ich mich denn grämen?
Hab ich doch Christum noch,
wer will mir den nehmen?
Wer will mir den Himmel rauben,
den mir schon Gottes Sohn
beigelegt im Glauben?

Nackend lag ich auf dem Boden,
da ich kam, da ich nahm
meinen ersten Odem;
nackend wird ich auch hinziehen,
wenn ich werd von der Erd
als ein Schatten fliehen.

Gut und Blut, Leib, Seel und Leben
ist nicht mein, Gott allein,
ist es, der's gegeben.
Will er's wieder zu sich kehren,
nehm er's hin, ich will ihn
dennoch fröhlich ehren.

EG 370,1–3

Dieses dichte, kurzstrophige Lied hallte wie ein Vermächtnis des verstorbenen Dekans durch die spätgotische Marbacher Alexanderkirche. „Unverzagt und ohne Grauen" (EG 370,7) hatte er sein Amt geführt und sein Sterben angenommen. Und nun, mitten in allem dunklen Trauerschwarz, die leuchtende Botschaft:

Du bist mein, weil ich dich fasse
und dich nicht, o mein Licht
aus dem Herzen lasse.
Laß mich, laß mich hingelangen,
da du mich und ich dich
leiblich werd umfangen.

EG 370,12

Ich kannte dieses Lied zuvor nicht. Es war eine ergreifende erste „Begegnung" für mich.

Eher zum Schmunzeln war dann eine Erfahrung während des Wehrdienstes. Unser Militärpfarrer stammte aus Siebenbürgen. Ursprünglich wohl eher konservativ geprägt, war er jetzt fest davon überzeugt: „Den jungen Menschen muss man doch heute ganz anders begegnen als früher." Er glaubte, man müsse sie begeistern mit den „schönen, neuen, fetzigen Liedern, die es doch jetzt gibt". Und er sagte das mit dem Feuereifer dessen, der vermeintlich den Schlüssel zur Lösung aller kirchlichen Probleme gefunden hatte. Seltsamerweise sangen aber die Soldaten bei den Standortgottesdiensten diese „schönen, neuen, fetzigen" Lieder auch nicht viel begeisterter mit als sonst. Im Gegenteil. Häufig blickten fragende Gesichter hinauf zur Orgel. Und ich werde nie vergessen, wie da ein bunt tätowierter, Motorrad fahrender, lebensfroher Unteroffizier nach dem Gottesdienst ganz empört zum Militärpfarrer kam und deutlich protestierte: „Warum singen wir denn nicht die schönen alten Lieder von Paul Gerhardt? Das neue Zeug kennt doch kein Mensch!" Nicht nur der in seinen neu gewonnenen Erkenntnissen zutiefst erschütterte Pfarrer war völlig überrascht, auch bei mir hat das ein Aha-Erlebnis ausgelöst: Siehe da, der äußere Augenschein kann täuschen! Vielleicht sitzt Paul Gerhardt tiefer in unserer Seele, als wir manchmal auf den ersten Blick vermuten. Vielleicht sollten wir ihn nicht zu schnell für tot erklären.

Äußerst lebendig wurde mir dann Paul Gerhardt im Haus meines Schwiegervaters. Als echter schwäbischer Altpietist kennt er praktisch das ganze evangelische Gesangbuch auswendig. Kein Tag vergeht ohne Paul Gerhardt. So selbstverständlich, wie man dort isst und trinkt, so selbstverständlich gehört dieser Liederdichter hinein in die Familie. Ich ahne etwas von der Volksfrömmigkeit, die Paul Gerhardts Lieder drei Jahrhunderte lang durchgetragen hat. Paul Gerhardt sitzt hier sozusagen täglich bei Tisch. „Wach auf mein Herz und singe" (EG 446) eröffnet den Tag ‚und der Abend klingt aus mit „Nun ruhen alle Wälder"(EG 477). „Ich singe dir mit Herz und Mund" (EG 324), wenn man Geburtstag hat und „Gib dich zufrieden und sei stille" (EG 371), wenn schwere Tage kommen. „Wie soll ich dich empfangen" (EG 11) im Advent und an Weihnachten, „Ich steh an deiner Krippen hier" (EG 37). Weiter durch das Kirchenjahr mit dem Karfreitagslied „O Haupt voll Blut und Wunden" (EG 85) und später die Pfingstbitte: „Zieh ein zu deinen Toren" (EG 133). Und wie ein Halteseil durchs ganze Leben hindurch immer wieder das Lied: „Befiehl du deine Wege" (EG 361). Dank und Klage, Freude und Leid – Paul Gerhardt schenkt für so viele verschiedene Situationen das richtige Wort. Er ist geeignet für Küche und Kirche, für Kanzel und Katheder, für Kräftige und Kranke. Man singt ihn in Sälen und auf Spaziergängen, bei Sonne und Sturm, in Sternstunden und Sorgentagen. Ein Mann für alle Fälle, er ist nie langweilig.

Gut fünfzehn Jahre lang hat Paul Gerhardt gebraucht, um sein Theologiestudium zu beenden. Der Krieg und andere Umstände waren sicherlich daran schuld, dass man bei ihm fälschlicherweise den Eindruck eines „ewigen Studenten" gewinnen könnte. Dass ich denselben Berufswunsch hatte wie er, war irgendwann der Anlass, mich intensiver mit diesem Liederdichter zu beschäftigen. Ich habe einige Biographien über ihn gelesen, zum Teil ganz grandiose Lebensbilder.

Zunächst musste ich allerdings eher ernüchternd zur Kenntnis nehmen, dass es zwar viel Literatur „über ihn" gibt, aber relativ wenig Selbstgeschriebenes von ihm: Einige Leichenpredigten und Briefe, ein bodenständig kräftiges Testament für seinen Sohn, wenige wissenschaftliche Abhandlungen aus der Zeit des Streites mit den Reformierten. Sie weisen ihn als gebildeten

Theologen auf der geistigen Höhe seiner Zeit aus, der profund mit Säbel und Florett kämpfen kann. Aber ansonsten gibt es nur wenige biographische Notizen. Er entzieht sich einer digitalen, detailgetreuen Erforschung seines Lebens. Er spricht vor allem zu uns durch seine über 130 Lieder.

Umso gewaltiger ist das, was andere über ihn schreiben: Für Rudolf Alexander Schröder ist es immer „als ginge die Sonne auf", wenn der Name Paul Gerhardts in sein Gedächtnis tritt. Er sei wie „Orgelton und Glockenschall" schreibt ein Biograph des 19. Jahrhunderts. Freiherr vom Stein hat sich während der Epoche des Rationalismus über die Vernunft orientierten Moralpredigten seiner Zeit aufgeregt und sieht in Gerhardt mithin den Garanten des alten, evangelischen Glaubens. Er schreibt: „Ist die Predigt schlecht, so erklingt doch noch mitunter ein Lied von D. Martin Luther oder Paul Gerhardt, und wenn man fromm sein will, geht's doch." In seinen Liedern sei „Sonnenwende gesät" schildert eine gebildete Frau die Trosterfahrungen, die sie beim Singen seiner Lieder gemacht hatte. Vieles an diesen großen Bewertungen ist ganz ehrlich gemeint, hat aber oft den Charakter einer Heiligenverehrung. Die historische Entzogenheit eines Menschen befördert offensichtlich dessen Glorifizierung. Darum konnten Gegenreaktionen nicht ausbleiben.

Schon in der Zeit nach Paul Gerhardts Tod haben sich viele kräftig von ihm distanziert. Die gebildeten Rationalisten haben ihn in die Rumpelkammer der Geschichte verabschiedet. Er wurde als „mittelalterlich" abgetan. Auch die ersten Pietisten haben ihn nicht recht bei sich aufgenommen. Ihre „neuen" Lieder waren gefühlvoller, ekstatischer, subjektiver. Paul Gerhardt stand für sie nur im zweiten Glied: zu sachlich, zu objektiv, zuviel Lehre, zu wenig Leben. Dann wieder Friedrich der Große, ein Sohn der Aufklärung. Er schüttelte beim Lied „Nun ruhen alle Wälder" den Kopf und meinte ganz trocken: „Törichtes Zeug,

Wälder können doch nicht schlafen!" Interessant auch der in Neresheim geborene Arzt Karl Bonhoeffer. Er war ein unverbesserlich nüchterner Agnostiker und hat sich seinem berühmten Sohn Dietrich gegenüber öfters über die „Schlichtheit" mancher Gerhardtschen Verse lustig gemacht und auch über manchen „Überschwang" wie beim Lied: „Die güldne Sonne voll Freud und Wonne"(EG 449). „Die Sonne ist doch ganz ruhig geblieben", konnte er seinem von Paul Gerhardt begeisterten Sohn entgegenhalten. Offensichtlich ist die Liebe zu diesem Liederdichter keine Frage des Alters oder der Generationen. Und als Schlusspunkt der eher kritischen Betrachter sei noch der Literaturkritiker Marcel Reich-Ranicki genannt. Er hält Paul Gerhardt für einen „zweitrangigen Lyriker", der in allen seinen Texten „auf die Musik angewiesen ist" und deshalb sei es „nicht gut um ihn bestellt".

Zwischen Heiligenverehrung und Bildersturm: Steht Paul Gerhardt immer nur als Denkmal auf einem hohen Sockel? Man betet ihn entweder an oder reißt ihn vom Podest herunter. Wer war er? Nur der hochgeistige Theologe, der immer ganz auf Christus bezogen Leidende, der Absolute, der Held? Gibt es da auch eine ganz menschliche, vielleicht gar nicht so übernatürliche Seite?

Warum wird in vielen Biographien so wenig berücksichtigt, dass der Vater Paul Gerhardts Gastwirt war und Bierbrauer? Ja, er hatte auch das Ehrenamt des Bürgermeisters von Gräfenhainichen inne, er hatte wie fast jeder der Einwohner ein bäuerliches Anwesen zu bewirtschaften, aber er war eben auch und wahrscheinlich im Hauptberuf: Gastwirt. Können wir uns vorstellen, wie es in einer Gastwirtschaft zugeht und was das für das Aufwachsen Paul Gerhardts bedeutet hat? Seine prägenden Kindheitsjahre erlebt er in einer Schenke!

Ich bin in einer Metzgerei aufgewachsen und meine Großeltern hatten ein Dorfgasthaus. Schon als Kleinkind bin ich in der

Wirtsstube herumgekrochen und habe die besondere Atmosphäre am Stammtisch erlebt. Ein Ort lebhafter Kommunikation. Hier werden die entscheidenden Dinge eines Gemeinwesens verhandelt, die privaten und die öffentlichen. Hier lernt man Begreifen und Deutsch reden. Wenn der Gemeinderat zur „Nach"-Sitzung in die Wirtsstube kommt, dann wird in aller Regel „Tacheles" geredet. Hier fallen die Masken. Es kann emotional werden. Der Alkohol löst die Zunge. Es kann Streit, aber auch fröhliches Singen geben. In der Gaststube findet auch der sogenannte „Leichentrunk" statt, nach der kirchlichen Beerdigung. Er gehört zum Abschiedsritual. Man gedenkt dort der Verstorbenen durchaus noch einmal von deren heiterer, alltäglichen Seite her. Aus dem manchmal statisch-geronnenen Kanzeltrost in der kühlen Kirche wird hier ein leiblich-menschlicher Küchentrost am warmen Herd. Wer in einer Gastwirtschaft aufwächst, der lernt nicht nur das Schwere des Lebens, sondern auch das Schöne, das Menschliche kennen. Zwischen klirrendem Geschirr und lebendigen Gesprächen erfährt der Gastwirtssohn Paul Gerhardt die Vielfalt des irdischen Daseins: Weinen und Wehe, aber auch Witz und Wonne. Last und Leiden, aber auch Liebe und Lebenslust. Manche Gastwirte sind große Menschenkenner und begabte Seelsorger. Diese festlich-leibliche Seite seiner Biographie gehört eben auch zu Paul Gerhardt – bei allem Schweren seiner Zeit. Mir kam er dadurch besonders nahe und ich verstehe, warum er so direkt und unmittelbar reden kann und warum er die große Fähigkeit besitzt, sich in die unterschiedlichsten menschlichen Situationen hineinzufühlen.

Vielleicht ist diese unmittelbare Menschlichkeit auch ein Grund dafür, weshalb Paul Gerhardt auch heute noch weit bekannt ist. Während meiner Zeit als junger Vikar ist mir dessen Beliebtheit fast täglich deutlich geworden. Meine Vikarsgemeinde lag in der oberschwäbischen Diaspora. Sie war erst nach dem

Zweiten Weltkrieg entstanden. Es gab dort einen wenig ausgeprägten evangelischen Glauben. Die Flüchtlinge und Vertriebenen, die den Grundstock unserer Gemeinde bildeten, brachten aus ihren unterschiedlichen Herkunftsländern ganz verschiedene Traditionen mit: ostpreußisches Luthertum stand da neben russlanddeutscher Bethausfrömmigkeit, siebenbürgische Prachtliebe neben pommerscher Bescheidenheit. Und wo war nun der gemeinsame Nenner, auf den man sich einigen konnte? Wo war das Verbindende dieser Gemeinde? Am Ende meines Vikariats führte ich eine Umfrage durch: Was sind eure beliebtesten Lieder? Fast 15 Prozent der Gemeindeglieder haben sich daran beteiligt. Und ganz vorne dran: Paul Gerhardt. Bei Alt und Jung.

Das Spitzenlied, das war zwar „Lobe den Herren, den mächtigen König der Ehren" (EG 317) von Joachim Neander, aber dahinter gleich mehrere Paul-Gerhardt-Lieder: „Geh aus mein Herz und suche Freud" (EG 503), „Befiehl du deine Wege" (EG 361), „Ich singe dir mit Herz und Mund" (EG 324), „Nun danket all und bringet Ehr" (EG 322), „Du meine Seele singe" (EG 302). Paul Gerhardts Lieder werden in einer überzeugenden Breite genannt. In unserem evangelischen Gesangbuch ist er, wenn man die Liedstrophen zählt, der absolute Spitzenreiter. Er ist nicht nur der „gefühlte", sondern auch tatsächlich der am meisten gesungene Lieddichter. Kaum ein Gottesdienst ohne seine Choräle. Und er ist nicht bloß in der Kirche, sondern im Herzen vieler Menschen zu Hause.

Tief beeindruckt hat mich damals der Besuch bei einem 90-jährigen Mann im Altenheim. Mein Ausbildungspfarrer hatte mich vorgewarnt: „Dieser Mann hat eine Gehirnerkrankung. Er kann keine zusammenhängenden Sätze mehr bilden. Wenn er zwei Worte gesprochen hat, dann vergisst er, was er ursprünglich sagen wollte. Eine wirkliche Kommunikation ist mit ihm kaum möglich." Und tatsächlich: es war für mich bedrückend, als ich merkte, dass ich mich kaum mit ihm unterhalten konnte. Ich habe ihn angelächelt, ihn angeredet, ihm etwas vorgelesen, ihn gestreichelt. Aber irgendwie war da eine unsichtbare Mauer zwischen uns. Dann deutete er plötzlich mit aufgeregt hochgezogenen Augenbrauen auf meinen Koffer mit dem Akkordeon drin, das ich gerne zu Besuchen mitnehme. „Singen! Singen!", sagte er bestimmend. Ich packte das Instrument aus und gehorchte seiner Bitte. Ich überlegte: Welches Lied tut einem wohl gut, wenn man neunzig Jahre alt ist und an den Pforten der Ewigkeit steht, wenn so vieles verwirrend geworden ist im Kopf und im Leben, wenn man statt wissen oft nur noch ahnen kann? „Befiehl du deine Wege und was dein Herze kränkt" (EG 361), mit kräftiger Stimme wollte ich ihm diesen Choral als ein Trostwort singen, doch staunte ich nicht schlecht: Nach der ersten Hälfte des Verses fing plötzlich der alte Mann an, mindestens genauso kräftig wie ich, mitzusingen! Und zwar ganze Sätze! Völlig fehlerlos sang er klar und deutlich alle zwölf Strophen dieses Liedes mit. Ohne Stocken, ohne Verwirrung, geführt von den alten Worten, die in ihm waren. Jetzt war er ganz da. Ein Leuchten und Strahlen in seinem Gesicht, wie es menschliche Worte kaum zu beschreiben vermögen. Dieses Lied war für ihn– so empfand ich es – Gestalt gewordenes Evangelium, eine Rückkehr zum Ursprung: „Im Anfang war das Wort!" (Johannes 1). Dieser alte Mann und der ewige Gott – durch dieses Lied waren sie in Berührung miteinander gekommen: herausgeholt aus der eigenen Einsamkeit in das Gespräch mit dem Ewigen. Singen kommt aus der Tiefe.

Auch die moderne Wissenschaft bestätigt dies, denn in jüngster Zeit konnte die Gehirnforschung nachweisen, dass die Sprache in der Hirnrinde, die für das Singen wichtige Stimme aber im entwicklungsgeschichtlich älteren Stammhirn ihre organische Basis hat. Singen kommt also aus der Personenmitte heraus. Und in der Tiefe sitzen auch die Lieder Paul Gerhardts.

Wenn ich meinen Weg hin zu Paul Gerhardt überblicke, auch die vergangenen Jahre im Pfarramt einer hohenlohischen Landgemeinde, wo Paul Gerhardt zu meinem selbstverständlichen Begleiter in Seelsorge und Predigt wurde, wenn ich den Weg zu diesem Denkmal der lutherischen Kirchengeschichte betrachte, dann empfinde ich etwas eigenartig Widersprüchliches: Einerseits eine tiefe Vertrautheit. Sicherlich, vieles ist anders als vor hundert Jahren, aber Gerhardt ist doch noch fragmentarisch da, bei Beerdigungen, Einschulungsgottesdiensten, Taufen und anderen kirchlichen Ritualen. Einige seiner Texte sind sogar als Sprichwörter in unseren Wortschatz eingegangen. Er ist uns auch heute noch nah, vor allem durch seine menschlich-natürlichen Sprachbilder, die etwas beschreiben, was uns bekannt vorkommt. Glücks- und Leidsituationen, die durch alle Zeiten hindurch wiederkehren. Es sind Urbilder der Seele, die er vor uns ausbreitet. Aus seinen Liedern strömt das Quellwasser des Glaubens in einer archaischen Frische. Und so wie Menschen immer wieder Durst bekommen, so kann ihnen Paul Gerhardt immer wieder etwas schenken. An den Weg zum „Brunnen der Gnade" kann man sich gewöhnen. Er ist der Vertraute.

Aber Paul Gerhardt ist auch der Fremde, der Andere. Er entzieht sich einer billigen Vertraulichkeit, einer süßlichen Vereinnahmung, die nur aufs Verbrauchen aus ist und die schnelle Erfüllung von Befriedigungen sucht. Gerhardt kostet Zeit. Man muss dran bleiben, an ihm reiben wie an einem „Kräutlein". Und auch wenn er duftet, bleibt er doch seltsam distanziert. Nicht allein wegen der altertümlichen Sprache des 17. Jahrhunderts. Diese ist bei ihm erstaunlich verständlich. Fremd ist vielmehr der Duft, der uns da begegnet, der Duft der Ewigkeit, der Atem Gottes. Es ist ein – wie Luther sagt – „verbum alienum", ein „fremdes Wort", welches uns das Heil bringt. Ewiges Leben und himmlischer Trost liegen nicht im

Bereich des menschlich Machbaren, nicht in uns selber. Dies kommt von Gott, von außen her. Das bildet sich in diesen Liedern ab: Gerhardt bleibt – bei aller Bekanntheit – der von außen Kommende, der mir etwas Anderes sagt, als das, was ich schon kenne. Da ist bei aller Zuwendung eine Höhe, eine Würde, eine Gefasstheit, die sich nicht aus dem Irdischen heraus nährt. Diese von menschlichem Applaus unabhängige Stärke macht ihn zum vollmächtigen Seelsorger und Verkündiger des Evangeliums. Er ist ein einfühlsames, aber starkes Gegenüber, an dem man sich aufrichten kann. Nur so kann er wirklich trösten. Nur so kann er ein „Gastwirt unserer Seele" werden und unser Gemüt stärken mit dem Manna, das vom Himmel kommt. Nur weil er uns als der Fremde etwas Neues, etwas Ewiges zeigt, reißt der Horizont auf für das, was jenseits des Tränenschleiers liegt. Und so bildet er in der Spannung von Distanz und Nähe in seinen Liedern etwas ab vom Wesen Gottes, der uns unendlich nahegekommen ist im Leben und Leiden seines Sohnes Jesus Christus, der aber doch letztlich auch der Verborgene bleibt, manchmal geheimnisvoll fremd, dunkel und unverständlich. Mit Gerhardt lernen wir den Glauben Luthers kennen, der uns einlädt, immer wieder „vor Gott zu Gott" zu fliehen, vom verborgenen zum offenbaren Gott, und das Ziel nicht aus den Augen zu verlieren:

> Mein Heimat ist dort droben,
> da aller Engel Schar
> den großen Herrscher loben,
> der alles ganz und gar
> in seinen Händen träget
> und für und für erhält.
> auch alles hebt und leget,
> wie es ihm wohlgefällt.
>
> EG 529,7

Kindheit in Gräfenhainichen
(1607–1622)

SEHEN LERNEN

Fast schnurgerade zieht sich die Eisenbahnlinie von Wittenberg aus Richtung Südwesten nach Bitterfeld. Die einstige Chemiemetropole war in späten DDR-Jahren als „dreckigste Stadt Europas" verschrien. In den letzten fünfzehn Jahren hat sich hier vieles gewandelt. Das früher vom Braunkohletagebau entstellte Land wurde renaturiert. Schöne Seenlandschaften sind entstanden. Mittlerweile ist die Gegend ein begehrtes Naherholungsgebiet für Wanderer und Wassersportler geworden. Unansehnliches wurde abgerissen und wertvoll Gewachsenes liebevoll renoviert. Und mittendrin, zwischen der geschichtsträchtigen Lutherstadt und den vernarbten Wunden ostdeutscher Industriegeschichte: das Landstädtchen Gräfenhainichen. Heute Sitz einer überörtlichen Verwaltungsgemeinschaft. Die Stadt nennt sich selbst „Tor zur Dübener Heide". Diese grüßt von einer unmerklich sanften Erhebung herab die Bewohner mit winkenden Kiefern- und Birkenwipfeln. Rund neuntausend Menschen leben heute in Gräfenhainichen. Die Tendenz ist sinkend. Das Bundesland Sachsen-Anhalt verlor in den Jahren nach der Wende zehn Prozent seiner Bewohner an den Westen der Republik. Lange Zeit galt es als Schlusslicht in der wirtschaftlichen Entwicklung der „neuen Länder". Mit der zusammengebrochenen Chemie- und Kohleindustrie hat die

Region zwar wieder „frische Luft" bekommen, aber nun fehlen die Arbeitsplätze. Viele Geschäfte stehen leer. Fast bedrückend die Schilder an vielen Häuserfenstern mit dem resignierenden Hinweis: „Zu verkaufen!"

Wer aus Süddeutschland in diese Gegend kommt, dem fallen die vielen pfeilgeraden Straßen auf, die sich von Stadt zu Stadt, von Haus zu Haus erstrecken. Es gibt nur wenige Kurven. Man kommt schnell und mühelos ans Ziel. Ein Vergleich zwischen Paul Gerhardt und der Landschaft drängt sich mir auf: Vielleicht hat die schlichte Geradlinigkeit und das unmittelbar Unverblümte in den Liedern Paul Gerhardts etwas zu tun mit den geraden Wegen, auf denen hier die Menschen einander seit Jahrhunderten begegnen? Prägt uns nicht alle die Landschaft, in der wir groß werden?

Und dann die spitz aufragenden Kirchtürme dieses weiten, flachen Landes. Sie haben etwas Provozierendes, Herausforderndes. Ganz anders als in den Alpen. In Österreich kann man den Eindruck gewinnen, als gehörten die Kirchen in ihrer bunten Verspieltheit geradezu organisch zur zerklüfteten Landschaft. Es scheint, als seien die Bergkirchen ein natürlich gewachsener Bestandteil des wahrgenommenen Bildes, als sei der Himmel die selbstverständliche Fortsetzung der irdischen Welt. Barocke Kirchen haben etwas Diesseitiges und machen Gott menschlich vorstellbar und erreichbar. Hier im Paul-Gerhardt-Land begegnet uns ein völlig anderes Bild: Die hohen, strengen Kirchtürme fallen auf und sprengen das Gewohnte. Sie wirken fremdartig. Mit ihnen stellt sich der weiträumig horizontalen Landschaft eine provozierende Vertikale massiv in den Weg. Von Natur aus will man hier in die Breite gehen, doch die Kirchtürme reißen den Blick nach oben. Sie stehen da wie ein steil erhobener Zeigefinger Gottes, als wollten sie sagen: „Der Himmel ist woanders! Sieh nach oben, da dich ohn alle Maße dein Vater trösten wird" (vgl. EG 529,6).

*Die Paul-Gerhardt-Kapelle
nach dem Stich eines unbekannten Künstlers*

Ungefähr zwanzig Minuten dauert die Autofahrt von Wittenberg nach Gräfenhainichen. Über die Walther-Rathenau-Straße kommt man zum „Park der Freundschaft". Dort steht, etwas versteckt unter alten Bäumen und im antiken Flair bräunlich schimmernd, die „Paul-Gerhardt-Kapelle". Sie wurde auf Initiative eines früheren Gräfenhainicher Pfarrers und mit Hilfe vieler „mildthätiger Hände" im Jahr 1844 im klassizistischen Stil errichtet. Während der DDR-Zeit hat man sie als Trauerkapelle genutzt. Im Jahr 1990 wurde sie wieder das, was sie ursprünglich war: ein Museum, das an den großen Sohn der Stadt erinnert.

Ein Besuch der Kapelle lohnt sich. Es gibt Interessantes und Kurioses. Man findet alte Zeitungsausschnitte der örtlichen Lokalpresse. Manche sind zum Schmunzeln in ihrer inbrünstig vaterländischen Ehrfurcht: Paul Gerhardt, der große Deutsche!

Die kommunistische Zensur hat wohl nicht sorgfältig aufgepasst, sonst hätte sie so viel nationales Pathos rechtzeitig beseitigt. Ein nachgebildeter Talar dokumentiert die stämmig kräftige Figur des lutherischen Pfarrherrn. Paul Gerhardt zeigt sich auf Bildtafeln in verschiedenen Porträts, deren Maler haben allesamt den Liederdichter nie wirklich leibhaftig gesehen. Es sind Darstellungen, die dem Betrachter vor allem ihr je eigenes, inneres Bild von Paul-Gerhardt mitteilen wollen. Es gibt nur ein einziges authentisches Porträt, das wohl von einem unbekannten Zeitgenossen Gerhardts gemalt wurde. Dieses hängt über seinem Grab in der Lübbener Kirche im Spreewald (siehe Umschlagbild). Alles andere ist „nachgemalt" oder eben mit dem Herzen entworfen. Ebenso das papierene Notgeld von 1920, das an schlechte Nachkriegsjahre erinnert. Paul Gerhardt blickt darauf mit großen Augen seine von der Inflation geplagten Gräfenhainicher an und ermutigt sie in orientierungsloser Zeit mit dem Liedvers: „Befiehl du deine Wege / und was dein Herze kränkt, / der allertreusten Pflege, / des der den Himmel lenkt" (EG 361,1). Gerhardt hätte sicher nichts gegen diese Art der Verwendung seines Liedes gehabt. Er war immer für den praktischen, lebensnahen Trost und auch fürs bildlich Fassbare: Man erfährt in dieser Kapelle, dass es zwischen Gräfenhainichen und Gröbern zwei Kohlestollen gab, die den Namen „Paul-Gerhardt-Grube" trugen. Weil Grundwasser eingebrochen war, mussten die Stollen aufgegeben werden, aber die auf dem Gelände errichtete Brikettfabrik lieferte noch bis ins Jahr 1923 hinein gute „Paul-Gerhardt-Kohle". Was für ein sprechendes Bild zum Anfassen: Paul Gerhardt für kalte Tage – ein Wärmebringer aus der Tiefe!

Und dann die alles überstrahlende Sonne. Sowie man die Kapelle betritt, nimmt dieses Exponat den Blick gefangen. Es ist genau an der Stelle angebracht, an der in einer Kirche üblicherweise das Altarkreuz erwartet wird. Unter der Sonnendarstellung steht die Liedstrophe: „Die güldne Sonne / voll Freud und Wonne / bringt unsern Grenzen / mit ihrem Glänzen / ein herzerquickendes, liebliches Licht" (EG 449,1). Man sieht goldene Strahlen, die von einer als Dreieck gestalteten Mitte ausgehend nach allen Seiten leuchten. Über dreißig Mal kommt in Paul Gerhardts Liedern die Sonne vor als ein Gleichnis für Gott, für das Leben, für Freude und Neuanfang. Die Sonne überwindet das dunkle Leid und die finstere Nacht. Sie ist Voraussetzung allen Lebens. Sie ist auch Voraussetzung dafür, dass wir überhaupt sehen können.

Hier in Gräfenhainichen ist für Paul Gerhardt zum ersten Mal die Sonne aufgegangen. Am 12. März 1607 hat er in der übersichtlich geraden Hauptstraße des Ortes, nur einen Katzensprung entfernt von Kirche und Rathaus, das Licht der Welt erblickt. Seine Kinderaugen sehen eine beschauliche Welt. Man heizt noch mit Holz. Der „Park der Freundschaft" ist damals freies Weideland vor den Toren der Stadt. Dort treffen sich die „Ackerbürger", wenn sie mit ihren behäbigen Ochsenkarren durchs Stadttor hinausfahren zur Feldarbeit. Man arbeitet von Sonnenaufgang bis Sonnenuntergang. Das Leben ist hart, aber nicht hektisch. Fast jeder der damals rund tausend Einwohner ist in der Landwirtschaft beschäftigt. Viele haben noch einen zweiten Beruf. Die Arbeitsplätze befinden sich noch nicht in den späteren Industrieregionen Bitterfeld und Halle, sondern rund um den Kirchturm herum. Aus dem Französischen herübergekommene Modeberufe wie „Hut- oder Seifenmacher" gibt es hier nicht. Es werden deftige, alte, lebensnotwendige Berufe ausgeübt, die noch nahe dran sind am biblischen Schöpfungsauftrag, die Erde „zu bebauen und zu bewahren" (1. Mose 2,15). Die Menschen haben starke Hände, mit denen sie das Holz dieser waldreichen Gegend schlagen. Im Schweiße ihres Angesichtes ernten sie das Korn und den hier reichlich wachsenden Hopfen und trinken dann abends ihr selbstgebrautes „gut gräfenhänisch Bier". Wein hätte man impor-

tieren müssen. Viel zu teuer. Geld ist Mangelware. Es gibt noch
keinen Supermarkt. Man konsumiert keine industriell hergestell-
te, künstliche Massenware, sondern das Urwüchsige und Echte,
was der heimische Boden hervorbringt. Freizeit gibt es nicht, aber
man heiligt den Feiertag. Sonntags ruht das Leben. Aus dem
Handeln wird dann ein Hören. So wie sich unter der Woche die
Gräfenhainicher auf dem einen Weg hinaus zu Feld und Wiese
begegnen, so versammelt sich am Sonntag die eine Gemeinde
ausnahmslos in der einen Kirche, die sich auf das Bekenntnis des
Wittenberger Reformators stützt. Man liebt Luther und erinnert
sich daran, dass auch er das Bier dieser Gegend gerne getrunken
hat. Die Menschen teilen miteinander das landwirtschaftliche Leben und ihren evangelischen Glauben. Dieser hatte sich in den
drei Generationen nach Luther schon tief hineingepflanzt in die
Herzen der Bewohner. Gräfenhainichen ist kursächsisch und
gehört im 17. Jahrhundert noch nicht zu Sachsen-Anhalt.

An diese ursprüngliche Verbindung erinnert bis heute der
Meißener Sachsenlöwe im Wappen der Stadt. Man kennt sich
und grüßt sich. Die Leute brauchen sich gegenseitig. Der
Sozialstaat ist noch in weiter Ferne. Es gibt einen verbindenden
Zusammenhalt in der bäuerlichen Gesellschaft. Das nachbarschaftliche Miteinander und die familiären Bande spielen eine
wichtige, überlebensnotwendige Rolle. Die Welt ist überschaubar
und ungeteilt. Haus und Hof, Familie und Arbeit, Glauben und
Beruf fallen nicht auseinander. Man ist einig und bekenntnistreu
nach innen und dadurch stark und widerstandsfähig nach außen.
Nur so sind die vielen Schwierigkeiten des Lebens im Schatten
des Dreißigjährigen Krieges zu überstehen.

Paul Gerhardt ist kein Einzelkind. Da sind zunächst einmal
die Geschwister. Paul ist das zweite von insgesamt vier Kindern
im Hause Gerhardt. Es gibt noch den älteren Bruder Christian.
Dieser hat nicht nur den gleichen Vornamen wie der Vater, son-

dern, die späteren Schulprobleme in Betracht ziehend, wohl auch dessen ausgeprägte praktische Veranlagung geerbt. Am häuslichen Mittagstisch sitzen noch die zwei kleineren Schwestern, Anna und Agnes. Dazu kommen mehrere ledige Tanten, Knechte, Mägde und manch andere „Kostgänger". Gemeinsam sitzt man am Tisch, wo der Vater beim Essen die tägliche Hausandacht hält. Irdische und ewige Gaben ganz dicht beieinander. Paul erfährt schon früh, dass Gott Leben schenkt – für Leib und Seele! Und er mag sich in späteren Kriegsjahren an die Fürsorge Gottes erinnert haben, wenn er in seinem Lied „Du meine Seele, singe" schreibt:

> Er weiß viel tausend Weisen,
> zu retten aus dem Tod,
> ernährt und gibet Speisen
> zur Zeit der Hungersnot,
> macht schöne rote Wangen
> oft bei geringem Mahl;
> und die da sind gefangen,
> die reißt er aus der Qual.
>
> Ach ich bin viel zu wenig,
> zu rühmen seinen Ruhm;
> der Herr allein ist König,
> ich eine welke Blum.
> Jedoch weil ich gehöre
> gen Zion in sein Zelt,
> ist's billig, daß ich mehre
> sein Lob vor aller Welt.
>
> EG 302,5.8

Dann das besondere Ehrenamt des Vaters. Christian Gerhardt ist einer der drei Bürgermeister der Stadt Gräfenhainichen. Alle drei Jahre ist er dran mit „Regieren". In den zwei „Ruhejahren" hat er beratende Funktion. Von Helmut Kohl heißt es, er habe die Politik am elterlichen Küchentisch gelernt, wenn der Vater mit dem Onkel diskutiert habe. Auch Paul Gerhardt lernt in diesem öffentlichen Elternhaus viel Grundlegendes, wie die Welt funktioniert, was die mancherlei „Plagen" der Menschen sind, ihre Sorgen und Nöte. Tag für Tag kommen die Gräfenhainicher mit Problemen ins Haus ihres Bürgermeisters: „Hilfe, bei uns hat's gebrannt! Unser Vieh ist an einer seltsamen Krankheit zugrunde gegangen! Wir haben kein Saatgut mehr! Die Mutter meiner fünf Kinder ist heute Nacht gestorben! Wir wissen nicht, wie wir über den Winter kommen sollen! Mein Nachbar gräbt uns das Wasser ab!" Und dann soll der Vater helfen, raten, entscheiden. Eine lebhafte Kinderstube, in der die Heranwachsenden das verantwortliche Denken und den Umgang mit Menschen kennenlernen. Paul Gerhardt weiß, um was er Gott bittet, wenn er später dichtet:

Beschirm die Obrigkeiten,
richt auf des Rechtes Thron,
steh treulich uns zur Seiten;
schmück wie mit einer Kron
die Alten mit Verstand,
mit Frömmigkeit die Jugend,
mit Gottesfurcht und Tugend,
das Volk im ganzen Land.

Erfülle die Gemüter
mit reiner Glaubenszier,
die Häuser und die Güter
mit Segen für und für.
Vertreib den bösen Geist,
der dir sich widersetzet
und, was dein Herz ergötzet,
aus unsern Herzen reißt.

Gib Freudigkeit und Stärke,
zu stehen in dem Streit,
den Satans Reich und Werke
uns täglich anerbeut.
Hilf kämpfen ritterlich,
damit wir überwinden
und ja zum Dienst der Sünden
kein Christ ergebe sich.

EG 133,10–12

Freilich, es sind nur begrenzte Handlungsmöglichkeiten, die dem
Bürgermeister zur Verfügung stehen. Da gibt es noch die eigentlich Mächtigen, die Herren „von Mündeln", die damals im Gräfenhainicher Schloss residieren. Auch sie haben ihren Mann in
der Stadtverwaltung. Ein mit hoher Machtbefugnis ausgestatteter
„Amtsschösser" wahrt die Interessen der Schlossfamilie. Die Welt
ist klar geordnet. Oben steht Gott und dicht darunter der Adel.
Doch noch ist es kein absolutistischer Staat. Restbestände
bäuerlich-demokratischen Rechtes sind noch vorhanden.
Manches Mal werden die Bürgermeister dem Amtsschösser
kräftig widersprochen haben. Da wurde dann diskutiert wie zwischen David und Goliath. Hinstehen kostete Kraft. Da brauchte
es Mut und Unerschrockenheit, aber auch den „Verstand der
Alten", um den das Gerhardtsche Pfingstlied bittet. In schwieri-
gen Verhandlungen war es nötig, dass Gott „mein Freund und
Vater sei / und daß in allen Fällen / er mir zur Rechten steh / und
dämpfe Sturm und Wellen / und was mir bringet Weh" (EG
351,2). Paul Gerhardt hat in seinem Elternhaus manches gelernt
an Behutsamkeit, aber auch an Deutlichkeit im Umgang mit den
„hohen Herren". Das sollte wichtig werden für sein späteres Leben.

Paul Gerhardt stammt aus der bürgerlichen Mittelschicht seiner Zeit. Es gibt Steuerlisten, aus denen zu erschließen ist, dass
Großvater Gerhardt ein vergleichsweise wohlhabender Mann

war. Verständlich, dass sein Sohn Bürgermeister werden konnte. Das war eine kleinstädtische Honoratiorenfamilie. Die gesellschaftliche Stellung ist nicht angeboren, sondern erworben. Kein Erbadel, sondern tüchtiges Ackerbürgertum. Man hat eine herausgehobene Stellung in der Öffentlichkeit. Der Vater begegnet seinem Sohn Paul im Ornat des Würdenträgers, aber auch im Arbeitskittel des Landwirts. Vielleicht liegt darin der Grund für die in Gerhardts Liedern immer wieder festzustellende gesunde Mischung von Gescheitheit und Volkstümlichkeit. Er ist einer von uns und er ist uns doch auch ein herausgehobenes Gegenüber. Himmelstürmende Bodenhaftung – oder: der Erste unter den Gleichen.

Doch Vater Gerhardt war nicht nur Bürgermeister. Seinen Lebensunterhalt hat er wohl vor allem mit der Gastwirtschaft verdient. Sie war zentral gelegen. In seiner Wirtsstube trafen sich die unterschiedlichsten Menschen: Durchreisende, die nur essen und übernachten wollten, aber auch viele Ortsansässige. Meinungsmacher und Stammtischbrüder, unauffällige Nachbarn und herausragende Originale. Man kommt zusammen, um das gute Bier zu genießen, welches der Bürger- und Braumeister Christian Gerhardt seinen Gästen zu kredenzen wusste.

Früher gab es viel mehr Gastwirtschaften als heute. Fernseher und Internet waren noch keine Konkurrenten. Wer eine „Talkshow" erleben wollte, ging ins Wirtshaus – nicht bloß zum Zuhören, sondern als Beteiligter. Die Räume in der Nähe von Küche und Kanzel waren entscheidende Orte für Kommunikation und Information. Im Wirtshaus kam man zusammen nach erfolgreich abgeschlossenem Viehhandel. Hier traf man sich zu Besprechungen, Verhandlungen, Vertragsabschlüssen. Hier gab es Jubel, hier gab es Streit. Ein Ort der Emotionen. Auch wenn in Gräfenhainichen vielleicht nicht jener „Wein" floss, der die sprichwörtliche „Wahrheit" freisetzen soll, so hat doch sicherlich

Stadtansicht von Gräfenhainichen aus dem Jahr 1628

auch der Alkohol des dortigen Bieres seine enthemmende, mitunter Wahrheit fördernde Wirkung entfaltet.

Man mag sich vorstellen, wie Paul Gerhardt als Kind mit großen Augen und gespitzten Ohren die Gäste am Stammtisch erlebte: Er hört, wie die Leute denken und reden, wenn ihre anfängliche Zurückhaltung gewichen ist. Er erfährt direkte, unmittelbare Sprache. Ein unverstelltes Menschsein.

Am Stammtisch wird alles besprochen: Wie die Hopfenernte ausfällt, wie sich der Borkenkäferbefall entwickelt, welche unmöglichen, neuen Erlasse der sächsische Kurfürst schon wieder produziert hat, aber auch wie „die welsche Religion" immer mehr um sich greift und das „gute, alte Luthertum" zu zerstören sucht. „Die da oben wollen uns das Herz herausreißen und uns unsern Glauben nehmen!" Wie oft mögen die Besucher der Gastwirtschaft diese bittere Klage angestimmt haben.

Es ist noch lange Zeit hin, bis König Friedrich der Große die Religion zur Privatsache erklären wird. Im 17. Jahrhundert ist sie noch etwas Öffentliches. Ein Straßenthema. Geistliche Themen kommen ganz selbstverständlich am Stammtisch vor. Über schäumendem Bier entspannen sich theologische Diskussionen. Große Begriffe entströmen ganz natürlich dem Mund einfacher

Menschen. Das Diffizile wird übersetzt von der Universität an den Biertisch. Man verwendet dazu verständliche Bilder und anschauliche Reden. Sicher hat sich manches davon niedergeschlagen in den kräftig-bildhaften Texten Paul Gerhardts. Und das mit der „welschen Religion" war ein Dauerthema. Sowohl der sächsische Kleinbauer wie auch der Wittenberger Professor konnten darüber in schäumenden Zorn geraten.

Gemeint sind mit den „Welschen" nicht die Katholiken, sondern die „anderen" Evangelischen, die sogenannten Reformierten. Ist's nicht so: Mit den Geschwistern, die einem am nächsten stehen, hat man oft die heftigsten Streitereien. Die Reformierten sind eigentlich die Geschwister der Lutheraner. Sie gehören ebenfalls zur reformatorischen Bewegung, berufen sich aber in ihren Lehren nicht auf Luther, sondern vor allem auf Calvin. Und diese beiden Reformatoren sind schon vom äußeren Typ her völlig verschieden. Calvin war ursprünglich Jurist. Das Porträt zeigt den trockenen, Vernunft orientierten Denker, hoch gewachsen und schlank. Ein Kopftyp! Luther dagegen: der ehemalige Mönch, emotional, mit stämmiger, untersetzter Figur: ein Herztyp! Der eine asketisch und streng, der andere üppig und lebensfroh. Schon in den Ansichtsprofilen dieser beiden Männer wird der Unterschied zwischen den Konfessionen deutlich:

Das reformierte „Welsche", ursprünglich vor allem in Holland, Frankreich und in der Schweiz zu Hause, galt in Deutschlands feinen Kreisen als die fortschrittlichere Form des evangelischen Glaubens: klar und vernünftig, ohne die vielen vermeintlich „abergläubischen Reste", die man den Lutheranern unterstellte, ohne pubertierende Gewissensskrupel und dieses ständige Hin-und-her-Gerissensein zwischen Sünde und Gerechtigkeit, zwischen verborgenem und offenbarem Gott. Für sie hatte das Abendmahl nur eine zeichenhafte Bedeutung. Es war nicht wirklich Leib und Blut Jesu Christi. Es sollte vor allem den Verstand bedienen. Die Lutheraner dagegen waren konservativ, ländlich, volksnah. Beim Abendmahl und auch in anderen Fragen des Lebens ein Stück fleischlicher, vielleicht auch kindlicher. Dem Fortschritt standen sie eher kritisch gegenüber, weil sie wussten: „Wir bleiben Sünder, solange wir im Fleische sind!"

So manche mittelalterliche Handlungen und Riten hatten sich tatsächlich in ihren Reihen erhalten. Luther wollte den Menschen nicht das Gewohnte nehmen. In gottesdienstlichen Fragen war er zurückhaltend. Kein Bilderstürmer. Er hat nur geändert, was vom Evangelium her seiner Meinung nach unbedingt korrekturbedürftig war. Viele alte Traditionen behielt er bei, wie zum Beispiel den zu Gerhardts Zeiten heftig umstrittenen „Fahraus". Wer sein Kind damals in einer lutherischen Kirche Kursachsens taufen ließ, konnte erleben, wie der Pfarrer den Täufling zunächst dreimal scharf anblies mit den Worten: „Fahr aus, du unreiner Geist, und gib Raum dem Heiligen Geist!" Dann wurden die Paten stellvertretend für den Täufling gefragt, ob sie „allem teuflischen Werk und Wesen" absagen wollten. Erst danach erfolgte die Taufe mit Wasser und dem Zeichen des Kreuzes. Zuerst wurde also das Böse ausgetrieben, sozusagen weggeblasen, dann konnte das Kind Christus übereignet werden. Zuerst das Unkraut raus und dann der gute Samen rein! Das leuchtete dem landwirtschaftlich geprägten Volk zutiefst ein. Ein ausdrucksstarkes Ritual, das im Herzen der Menschen verankert war und durchaus biblische Anhaltspunkte hatte.

Wie schlimm war es deshalb für die Lutheraner Kursachsens, als ihr junger Herzog Christian, etwa zwanzig Jahre vor Paul Gerhardts Geburt, eine kurze reformierte Liaison einging. Mit neuen Ideen sollte sein Land moderner und aufgeklärter werden. Er wollte zu den politisch Vorwärtsstrebenden gehören und zwang seine Pfarrer mit polizeilicher Gewalt auf die „mittelalterliche" Form der Teufelsaustreibung zu verzichten. Kein Fahraus mehr!

Ein Aufschrei des Entsetzens im Land – in der Kirche und am Stammtisch. Ein Metzger aus Dresden erschien damals mit hochrotem Kopf und Schlachterbeil bei seinem Pfarrer und drohte laut: „Ohne Fahraus, keine Taufe!" Viele Eltern sind mit ihren Kindern zu aufrechten, sich dem kurfürstlichen Befehl widersetzenden Pfarrern gegangen, um sie dort in der „alten, richtigen" Weise taufen zu lassen. Doch solche Pfarrer haben bald ihre Stelle verloren, wenn ihnen ein reines Gewissen wichtiger war als der Befehl des Kurfürsten, wenn ihnen der Herr des Himmels mehr zu sagen hatte als die Herren dieser Welt.

Einer von diesen mutigen Seelsorgern war Superintendent Starcke in Eilenburg, der Großvater Paul Gerhardts mütterlicherseits. Es ist ganz interessant: Pauls Vater führte eine Gastwirtschaft, und die Mutter war Pfarrerstochter. Eine Ehe, die zweihundert Jahre später im sittsam „hochgeschlossenen" 19. Jahrhundert wohl einem Sündenfall gleichgekommen wäre. Doch solche Verbindungen zwischen „Eucharistie" und „Gastronomie" gab es im 17. Jahrhundert öfter. Die Welt war noch nicht durch die Aufklärung aufgeteilt in eine „geistliche" und eine „weltliche". Luther sagt: „Der Glaube machet alles köstlich vor Gott!" Und so konnte eine solch beflügelte Ehe entstehen wie die Gerhardtsche. Und in Pauls Elternhaus ist deshalb beides ganz natürlich beisammen: Leib und Seele, Fröhlichkeit und Glaube, Bier und Bibel, aber auch: Singen und Bekennen.

Superintendent Starcke, Pauls Großvater, wird als „tapferer Bekenner und unerschrockener Prediger" geschildert, ausgestattet mit der „Herzenseinfalt eines echten Seelsorgers". Seine Treue zu Christus kostete ihn das Pfarramt. Er wird seines Dienstes enthoben und verabschiedet sich mit einer bewegenden Predigt draußen auf dem freien Feld vor der versammelten Bürgerschaft Eilenburgs, bevor er „ins Elend" zieht. Wie viele Tränen sind da geflossen! Was für ein Vorbild für die ganze Familie, für Kind und

Kindeskinder! Da lernt man Mut und Tapferkeit, heute würde man sagen: Zivilcourage. „Schau auf deinen Großvater. Bleibe im Glauben Christus treu. Nicht anpassen um jeden Preis! Folge deinem Gewissen! Wir sollen Gott mehr gehorchen als den Menschen." Die Worte der Mutter mögen bis ans Lebensende in Pauls Herzen gebrannt haben. Und ebenso die Erzählungen der Alten am Gräfenhainicher Stammtisch, wenn sie ehrfurchtsvoll von ihrem früheren Pfarrer Mirus gesprochen haben, der seine klare Haltung damals ebenfalls mit unbarmherziger Amtsenthebung bezahlten musste. Später, als für Paul selbst die Stunde der Bewährung kommen sollte und er Haus und Hof um seines Glaubens willen verlassen musste, da stehen ihm solche starken Zeugen vor Augen, und er singt:

So ging's den lieben Alten,
an deren Fuß und Pfad
wir uns noch täglich halten,
wenn's fehlt am guten Rat;
sie zogen hin und wieder,
ihr Kreuz war immer groß,
bis dass der Tod sie nieder
legt in des Grabes Schoß.

Ich habe mich ergeben
in gleiches Glück und Leid;
was will ich besser leben
als solche großen Leut?
Es muß ja durchgedrungen,
es muß gelitten sein;
wer nicht hat wohl gerungen,
geht nicht zur Freud hinein.

EG 529,4.5

Nach dem Tod Herzog Christians war die reformierte Liaison abrupt beendet. Viele vertriebene Pfarrer konnten auf ihre Stellen zurückkehren. Und als ob es ein verbotener Seitensprung gewesen wäre, den man in Zukunft mit allen Mitteln vermeiden wollte, wurde nun umso deutlicher die alte Lehre wieder eingeführt und zum mächtigen Bollwerk aufgebaut. Sachsen ist bis heute eine Herzkammer des lutherischen Glaubens.

„Doch nun ab ins Bett", wird die Mutter ihrem Paul öfters zugerufen haben, wenn es mal wieder zu lang geworden war mit den spannenden, alten Geschichten von tapferen Vorfahren und treuem Bekennen: „Du weißt, morgen früh musst Du bald aufstehen!"

Ganz selbstverständlich waren die Kinder mit dabei, wenn im Sommer das Gras gemäht oder der Weizen geerntet wurde. „Viele Händ' machen ein schnelles End!" In der Hochsaison brauchte man jede verfügbare Arbeitskraft, um das große Tagwerk zu schaffen. Bei Sonnenaufgang ging es los.

In unserem Evangelischen Gesangbuch der Ausgabe 1996 gibt es drei Morgenlieder von Paul Gerhardt (EG 446, 447, 449). Es sind die schönsten ihrer Art. Sie zeigen, wie kraftvoll und intensiv er den Morgen erlebt hat. Wer heute nur auf den Lichtschalter drückt, um dann alles neonhell zu erleuchten, kann sich kaum vorstellen, wie dunkel und bedrohlich die Nacht sein kann. Für das Judentum ist es die Zeit, in der das Chaos die Macht hat. In der Nacht sind alle Katzen grau. Die Dinge lassen sich nicht mehr unterscheiden: Was ist bedrohlich oder freundlich, was ist gut oder böse? Besonders nach Mitternacht. Dann ist die Finsternis am dunkelsten und die Sorge am größten. Für Sigmund Freud ist es die „Stunde des Wolfes", wenn in atemloser Schlaflosigkeit aus Problemen riesenhafte Dämonen werden. Die Nacht ist für Paul Gerhardt der Ort „als die dunklen Schatten, / mich ganz umgeben hatten", der Ort, „da Satan mein begehret"

(EG 446,2). Umso erlösender der Moment, wenn er morgens die Augenlider aufschlägt und die Sonne scheint. Da ist dieser befreiende Rückblick, „dass Feuerflammen uns nicht all zusammen / mit unseren Häusern unversehns gefressen, / … daß Dieb und Räuber unser Gut und Leiber / nicht angetast' und grausamlich verletzet" (EG 447,4.5). Da ist die Dankbarkeit dem „Hüter" des Lebens gegenüber, „der unser Leben, das er uns gegeben, / in dieser Nacht so väterlich bedecket / und aus dem Schlaf uns fröhlich auferwecket" (EG 447,2). Darum von ganzem Herzen und mit tiefster innerer Überzeugung: „Lobet den Herren." Es geht der Blick nach vorne: „Dein Wort, das ist geschehen: / Ich kann das Licht noch sehen" (EG 446,4). Als Kind schon erlebt Paul Gerhardt die verwandelnde Kraft der Sonne. Sie ist nicht bloß Licht, sie ermöglicht das Sehen und Wachsen. Die Nacht setzt dem Leben Grenzen. Mit der Öllampe sieht man nur den nächsten Schritt, doch plötzlich werden die Ketten gesprengt: „Die güldne Sonne / voll Freud und Wonne / bringt unsern Grenzen / mit ihrem Glänzen / ein herzerquickendes, liebliches Licht" (EG 449,1). Der Morgen vertreibt die klamme Kälte, und es „leuchtet der Sonnen gewünschtes Gesicht" (EG 449,12). Der Morgen vertreibt die Todesstille. Es beginnt das fröhliche Rufen der Vögel, die unendlich viel mehr singen, als es eigentlich biologisch zur Fortpflanzung notwendig wäre. Es gibt einen Überfluss des Lobens in allem Geschaffenen. Darum:

Lasset uns singen,
dem Schöpfer bringen
Güter und Gaben;
was wir nur haben,
alles sei Gotte zum Opfer gesetzt.
Die besten Güter
sind unsre Gemüter;

dankbare Lieder
sind Weihrauch und Widder,
an welchen er sich am meisten ergötzt.

EG 449,3

Nach dem Morgensegen Martin Luthers geht es in der Frühe los.
Mit dem Dank für die bewahrende Fürsorge Gottes im Herzen
zieht Paul am Frühjahrsmorgen hinaus aufs Feld, eingereiht ins
Gefolge der Knechte und Mägde des Vaters. Da gibt es keinen
vorbeirasenden LKW, der den Lobpreis der Schöpfung übertönt,
keine ratternden Maschinen, welche die Natur nur zum Roh-
stofflieferanten degradieren. Paul hört und sieht alles noch ganz
ursprünglich und unverdorben. Er ist ganz dicht dran an den Ur-
Erfahrungen des Lebens. Er erlebt die verwandelnde Wunder-
macht des Schöpfers, wenn die winterlich kahlen Bäume zuse-
hends in vollem Laube prangen, wenn binnen weniger Tage
bunte Narzissen und Tulpen aus dem dunklen Erdreich hervor-
brechen. Er sieht die Vollkommenheit der Schöpfung, die alles
menschlich Geschaffene bei weitem übertrifft, selbst das herrliche
Seidengewand des biblischen Königs Salomo in all seiner Pracht.
Sein Blick schweift weit in die Höhe. Da fliegen Vögel. Es sind
die scheuen: die Lerche, das Täublein, die Nachtigall. Dann
treten die gefiederten Nachbarn des Menschen ins Auge: die Glu-
cke, die ihr Hühnervolk furchtlos hinausführt, das Schwälblein,
das sein Nest ganz dicht am Haus des Menschen baut und der
Storch, der sich auf alten Kaminen und Kirchtürmen niederlässt.
Von den Wäldern der Dübener Heide herab kommen die ersten
Vierbeiner: Reh und Hirsch springen ins tiefe Gras, um ihren
Morgentrunk zu nehmen. Was für ein Bild: Weite Wiesen und
schattenreiche Myrten umgeben den mäandrierenden Bach, der
in vielen Windungen sein Fließen geradezu genießt. Und jetzt
erst, vom Rande her, noch lange nicht im Mittelpunkt stehend,
erscheint der Mensch.

Es ist nicht ein Bauer, der sät, damit er ernten kann, sondern der archaische Hirte, der nicht sät und doch Nahrung findet, der Hirte, der vollständig aus Gottes Gnade lebt. Dessen näherkommendes Lustgeschrei vereinigt sich mit dem Blöken seiner Schafe. Man sieht ihn noch nicht, hört ihn aber schon singen. Lobend weiß er: Alles ist vom Schöpfer wohl vorbereitet. Ich darf nehmen und leben. Nehmen von der süßen Honigspeise und von des Weinstocks süßem Saft. Das Süße, das Berauschende, das Besondere zuerst. Gott schenkt Fülle, dann aber auch das Alltägliche: lebensnotwendiges Brot, das aus dem gewaltig gewachsenen Weizen gewonnen wird.

Das bekannte Sommerlied „Geh aus mein Herz und suche Freud" (EG 503) könnte als eine singende Wanderung durch Paul Gerhardts Heimat verstanden werden. Und sicher hat er in diesem Lied Bilder aus seiner Kindheit verarbeitet. Vor allem aber entdecken wir in den Strophen das ganz besondere Sehen des Dichters, den lutherischen Blickwinkel auf die Welt.

Lange Jahre war das „Sommerlied" beinahe in Vergessenheit geraten. Erst die Romantik des 19. Jahrhunderts hat es wiederentdeckt. Mit brennender Naturbegeisterung wurde es bei Ausflügen und Wanderungen gesungen. Man sah darin keinen Choral, sondern ein Volkslied, eigentlich ein Maienlied: junge Schwälblein und Narzissen – das geht nur im Monat Mai zusammen.

Eines ist nun entlarvend: Die Romantiker haben nur die erste Hälfte des Liedes gesungen, die ersten acht Strophen. Ihnen genügte die wandernde Beschreibung der blühenden Landschaft, die damit endet, dass der Liedsänger einstimmt ins Schöpferlob alles Seienden:

Ich selber kann und mag nicht ruhn
des großen Gottes großes Tun
erweckt mir alle Sinnen.

Ich singe mit, wenn alles singt
und lasse, was dem Höchsten klingt,
aus meinem Herzen rinnen.

                    EG 503,8

Ist das nicht ein triumphaler Schlussakkord? Doch diese achte
Strophe ist nicht das Ende des Liedes. Sie steht vielmehr genau in
der Mitte der insgesamt fünfzehn Strophen. Sie hat die Funktion
eines Scharniers wie bei einem Spiegel, den man aufklappen
kann. Dadurch wendet und weitet sich der Blick.

Für die Romantiker waren die Strophen neun bis fünfzehn nur
noch „gereimte Theologie". Goethe würde wahrscheinlich noch
drastischer sagen: „verworrener Quark" – so empfand er die Lehre
Luthers. Für Paul Gerhardt aber ist das, was sich beim Öffnen des
Spiegels zeigt, das Eigentliche: Das Ziel seines Liedes ist nicht
allein das Lob des irdischen, sondern vor allem die Freude auf den
himmlischen Garten, „da soviel tausend Seraphim / mit unver-
drossnem Mund und Stimm / ihr Halleluja singen" (EG 503,10).

In Strophe neun kommt die Wende mit einem einzigen Wort,
das wie ein dunkler Donnerschlag die schöne Frühlingsidylle
zerstört: „Ach denk ich bist du hier so schön / und lässt du's uns
so lieblich gehn / auf dieser armen Erden." Kann man das fassen?
Nach all diesen farbenreichen, schönen Beschreibungen, spricht
er von der armen Erde. Ein Stimmungstöter?

In dem einen Wort „arm" fasst Paul Gerhardt die ganze Situation der Welt zusammen. Er sieht sie, wie sie wirklich ist. Er
idealisiert nicht. Keine Spur von schwärmerischer Romantik. Er
kennt nicht nur die Hochglanzseite, sondern auch das „Arme"
unserer menschlichen Existenz: das Küken, das morgens noch
ganz stolz hinter der Mutter hergelaufen war und abends vom
Fuchs gefressen wird. Das Täublein, das aus seiner Kluft herun-
terfliegt und von den lauernden Blicken des Bussards lüstern
verfolgt wird. Die bunte Blütenpracht eines idyllischen Sommer-

tages, die vom plötzlichen Unwetter in Minuten vernichtet wird. Mörderische Trockenheiten, seltsame Pflanzenseuchen, enttäuschte Erntehoffnungen, knurrende Wintermägen. Paul Gerhardt hat eine unverstellte, realistische Sicht auf die Schöpfung. Er sieht das Schöne dieser Welt, wie der Schöpfer uns „reichlich und täglich versorgt mit allem, was Not tut für Leib und Leben" (Luther). Er sieht glaubend nicht nur die Gabe, sondern auch die Hand dessen, der uns all das „schenkt und darreicht". Kräftig lobt und dankt er dafür. Er weiß die Zeugnisnote, die Gott bei der Erschaffung der Welt über sein Werk geschrieben hat: „Siehe, es war alles sehr gut" (1. Mose 1,31). Daran rüttelt Paul Gerhardt nicht. Er ist kein weltabgewandter Mystiker. Er genießt die geschaffene Welt und besingt sie in höchsten Tönen acht Strophen lang. Ohne Argwohn wie ein staunendes Kind. Fest gegründet im ersten Glaubensartikel.

Aber dann kam der Sündenfall (1. Mose 3). Etwas ist zerbrochen in der vollkommenen Schöpfung – dem Schöpfer aus der Hand geglitten wie eine Suppenschüssel. Missernten und Schicksalsschläge sind für Paul Gerhardt kein blinder Zu-fall, sondern Folge des Sünden-falls. Er kennt die Worte des Apostels Paulus: „Der Tod ist der Sünde Sold" (Römer 6,23). Wie ein Backstein, der vom Menschen in die Luft geworfen wurde und irgendwo zertrümmernd niedergeht. Die zerbrochene Welt erinnert ihn an das verloren gegangene Paradies. Die Krankheit sagt uns, dass wir der Heilung bedürfen, dass wir Christus brauchen, der in den Gaben von Wort und Sakrament Wegwunden heilt und stark macht fürs Ziel. Für Paul Gerhardt ist die Welt noch nicht fertig.

Das unterscheidet ihn von den Romantikern mit ihrem idealisierten Schöpfungsblick: Natur war im 19. Jahrhundert weitgehend gezähmt und kontrolliert. Für den industrialisierten Städter war sie die verloren gegangene vermeintlich „gute, alte

Zeit". Vergangenheit wird im Rückblick oft zur Verklärung. „Früher war alles besser." Auf romantischen Bildern sieht man keine Naturkatastrophen, keinen Tsunami, kein Waldsterben. Selbst das bedrohliche Gewitter hat etwas Faszinierendes. Nichts, was uns wirklich vernichten könnte. Natur als paradiesischer Ort des Genießens und der Erholung.

Ganz anders Paul Gerhardt. Er lernt schon als Kind, dass die Schöpfung bei aller Schönheit auch Kampf bedeutet. Auf dem Acker wachsen nicht nur gute Früchte, dort fließen auch Schweiß und Blut. Er sieht die Doppelgestaltigkeit der Welt. Er sieht Werden und Vergehen, Blühen und Verwelken, Geburt und Tod. Alles hat seine Zeit (Prediger 3). Er sieht die Welt realistisch. Sein Blick bleibt nicht auf der Oberfläche. Er geht in die Tiefe.

In der Romantik hat man oft den Satz des barocken Schriftstellers Bertold Heinrich Brockes zitiert: „Die Welt ist ein Buch, das mit dem Finger Gottes geschrieben ist." Dem würde Paul Gerhardt sicherlich zustimmen, aber er würde hinzufügen: „Nur wer mit der Bibel das Lesen gelernt hat, kann die Sprache dieses Buches auch richtig verstehen, nur wer Christus kennt, kann die Schrift der Welt entziffern!"

Es ist auffällig, dass in Paul Gerhardts beliebtem Sommerlied auch Tiere und Pflanzen vorkommen, die ihm in seiner unmittelbaren Lebenswelt kaum begegnen. Im Sächsisch-Brandenburgischen gibt es wenig nennenswerte Weinbaugebiete, nur in ganz geschützten Lagen. Gräfenhainichen ist Bierland. Trotzdem erwähnt er „den Weinstock" an vorderster Front. Es ist also – wenn überhaupt – eine „selektive" Wanderung durch die Dübener Heide. Er sieht gleichsam mit dem Fernglas der Bibel die Dinge. Er nennt nahezu ausschließlich Tiere und Pflanzen, die auch in der Heiligen Schrift vorkommen. Beim Dichten des Liedes betet er den Schöpfungspsalm 104. Außerdem denkt er an Jesu Bergpredigt mit dessen Aufforderung: „Sehet die Lilien auf dem Felde." „Narzissus und Tulipan" – das sind für Paul Gerhardt Liliengewächse. Beide Texte, der 104. Psalm wie auch Jesus mit seiner „Lilien- und Spatzenpredigt" (Matthäus 6,25–34) wollen dem in seiner Schwermut gefangenen Hörer dasselbe sagen: „Geh hinaus, du menschliches Herz und suche die Freude. Schaue dir die Schöpfung an. Sieh, wie vollkommen das alles ist. Siehe den, der alles ordnet, der Frühling, Sommer, Herbst und Winter werden lässt – ohne dein Zutun. Der Tag, Nacht, Frost und Hitze in der richtigen Dosierung schickt, damit alles wachsen und reifen kann – ohne dein Zutun. Siehe den, der für all das sorgt: Er sorgt auch für dich, darum hab keine Angst!" Das ist nicht nur Schöpfungsjubel, sondern auch ein Lied gegen den Sorgengeist.

Paul Gerhardt sieht die Schöpfung durch die Brille der Bibel. Er sieht darin eine gute Gabe Gottes, die uns Kraft gibt für unser leibliches Leben. Abbild der ersten großen Gnade Gottes: Wir alle sind Geschaffene, Beschenkte. Aber er sieht in dieser „gefallenen" Welt mit all ihren Fragwürdigkeiten auch ein Gleichnis auf die kommende, zukünftige Welt. Er sieht das Zerbrochene und Kaputte. Er verschweigt oder idealisiert es nicht. Aber die Wunden der Welt sind für ihn kein Anlass zum Schreien, sondern eine beständige Erinnerung daran, dass wir noch nicht am Ziel sind, dass vielmehr Christus kommen und heilen wird. Er sieht in allem Geschaffenen ein Gleichnis auf die kommende Neuschöpfung, in der es keine Gebrochenheit mehr geben wird, „kein Leid und kein Geschrei!" Beim Loben wendet sich unser Blick – wie bei einem Radarspiegel: Wir werden empfänglich für die Signale der unsichtbaren Welt. Wir sehen und hören hindurch. Jubelnde Freude mitten im Leide.

Paul Gerhardt lernt als Kind in Gräfenhainichen das Sehen. Hier stellt sich seine Welt vom Kopf auf die Füße. Er sieht die Wirklichkeit nicht durch den Computer hindurch als etwas künstlich Gemachtes. Er sieht sie so wie sie wirklich ist – in ihrer schönen und bedrohlichen Doppelartigkeit. Die Welt ist für ihn kein fassadenreicher Vergnügungspark, sondern ein Ort der singenden und seufzenden Kreaturen. Er erkennt in allem Geschaffenen – wie Paul Schütz formuliert – das „große Wohlwollen" des Schöpfers, dass wir atmen, leben und da sein dürfen, dass wir das „gut wittenbergisch und gräfenhänisch Bier" trinken dürfen. Dafür dankt er. Aber er sieht auch die dunkle Nacht, die nicht durch unseren hellen Verstand, sondern allein durch Jesus licht wird. Die Welt ist für ihn, der hier in Gräfenhainichen seine Augen zum ersten Mal öffnet und zum ersten Mal schreit, nicht das Letzte und Einzige, sondern eine „Reise" hindurch zum wahren „Paradeis". Diese Erkenntnis bringt ihn vom Schreien zum Singen, vom Klagen zum Loben.

In seiner Kindheit sammelt er Bilder und Begriffe in die Schatzkiste seines Herzens. Seine Lieder nähren sich daraus zeitlebens. Die Welt erschließt sich ihm aus der Perspektive einer bäuerlichen Atmosphäre mit der Bibel auf dem Tisch. Er lernt eine gerade, ehrliche Sprache und einen zum Himmel gewandten, hoffnungsvollen Blick kennen. In ihm wächst keine verkopfte, sondern eine geerdete Sicht der Dinge. Er verkörpert nicht die schwärmerische Weltsucht reicher Taugenichtse, auch nicht die blinde Weltflucht mystischer Schwerenöter, vielmehr die Welttüchtigkeit derer, die Verantwortung tragen und sich ihrer eigenen Grenzen bewusst sind. Ein Weltbild auf dem Boden der Tatsachen – nicht via Bildschirm, sondern durch die Optik der Bibel hindurch erlernt.

Heute hängt in der Paul-Gerhardt-Kapelle ein Porträt, das die bodenständig-lutherische Weltsicht Paul Gerhardts eindrucksvoll

Porträt von Wassili Jeremejew

zeigt. Der Künstler Wassili Jeremejew aus Weißrussland hat im Jahr 2000 dieses Bild gemalt. Man sieht den Dichter im Talar. Er steht selbstbewusst auf einem weiten Ackerfeld. Ein starker Bekenner! Hinter ihm erstrahlt die Silhouette Gräfenhainichens. Mit beiden Händen hält er seine Bibel und drückt sie ganz entschlossen ans Herz, als ob er sagen wollte: „Fest und mit beiden Beinen stehe ich auf dem Boden meiner irdischen Heimat. Ich sehe die Wunder dieser geschaffenen Welt. Mein Auge schauet, was Gott gebauet – in aller Schönheit und Gebrochenheit. Aber mit dem Herzen sehe ich, durch die Bibel hindurch wie mit einer Sehhilfe auf der Nase, zur ewigen Heimat beim Herrn. Aus diesem Sehen wird begründetes Singen: „Ach denk ich, bist du hier so schön / und lässt du's uns so lieblich gehn / auf dieser armen Erden: / was will doch wohl nach dieser Welt / dort in dem reichen Himmelszelt / Jund güldnen Schlosse werden."

Ungefähr zweihundert Meter entfernt von der Paul-Gerhardt-Kapelle findet man in der Gräfenhainicher Fußgängerzone eine Tafel mit der Aufschrift: „An dieser Stelle stand das Geburtshaus des Pfarrers und Liederdichters Paul Gerhardt." Man staunt nicht schlecht, wenn man feststellt, was sich heute in diesem Haus befindet: ein Optikerladen. Dort werden Brillen verkauft. Als sei es ein Auftrag für uns Heutige: „Lernt das richtige Sehen mit Paul Gerhardt! Tragt seine Brille auf eurem Herzen! Lest die Bibel!"

Schulzeit in Grimma
(1622–1627)

DAS MASS FINDEN

Fast jede Stadt hat ihre geheimnisvollen Gründungslegenden. Man erzählt sie weiter von Generation zu Generation. „Unser Grimma ist die älteste menschliche Siedlung der Welt", behaupten augenzwinkernd die örtlichen Stadtführer, „hier hat Kain seinen Bruder Abel erschlagen." Eine seltsame Aussage: Was haben Grimma und Kain miteinander zu tun? Die idyllische Kleinstadt ist eingebettet in eine der eindrucksvollsten Flusslandschaften Sachsens. Man erlebt eine friedliche Gemeinde, umgeben von unberührter Natur. Was verbindet den Ort mit dem ersten biblischen Mordfall? Warum diese vermeintlich kriminelle Vergangenheit? Liegt es am Namen der Stadt? Er klingt so sehr nach Hass und Hader: Grimmiges Grimma!?

Der Ursprung des Namens „Grym" erinnert an die slawische Vergangenheit. Bis zum Mittelalter lebten hier die Sorben, ein westslawischer Stamm. Dann kamen deutsche Ordensritter in die Region, eroberten „Grym" und bauten die Siedlung zu einer deutschen Befestigungsanlage aus. Eine Schutzburg gegen Anstürme und Aufstände unterworfener Slawen. Die Ritter schätzten die strategisch günstige Lage an der Mulde, dem am schnellsten dahin schießenden Fluss Mitteleuropas. Eine ideale Grenze, aber auch ein Ort des Kampfes. Wie viel slawisches und deutsches Blut mag hier geflossen sein? Wie viele Abels und Kains mögen in Grimma schon erschlagen worden sein? Klingen nicht dunkle Geschehnisse in der Gründungslegende nach? Der erste „Grimm", über den die Bibel berichtet, ist der Zorn des Kain (1. Mose 4,5). Als dieser erkannte, dass Gott die Opfergabe seines Bruders Abel gnädig annahm, dessen eigene Darbringung aber abgelehnt wurde, da „ergrimmte" er sehr. Es beherrschte ihn neidisches Fragen: Liebt Gott den Hirten Abel mehr als mich, den Bauern Kain? Ist dem himmlischen Vater der „nicht säende" Schäfer näher als der „in Scheunen sammelnde" Sämann? Wie auch immer: Kain hat in seiner bitteren Reaktion auf diese vermeintlich göttliche Ungerechtigkeit die Grenzen weit überschritten. Aus Missgunst tötet er seinen Bruder. Aus Eifersucht zerstört er sein eigenes Fleisch und Blut. Aus Grimm verliert er jedes Maß. Das Unrecht schreit zum Himmel. Und Gott? Er begegnet dem Brudermörder Kain nicht mit eben derselben zerstörerischen Maßlosigkeit, sondern mit einem Fluch, der nur feststellt, was bereits eingetreten ist: „Unstet und flüchtig wirst du sein auf Erden. Du wirst keine Ruhe mehr finden" (1. Mose 4,12). Ein Thema, das sich wie ein roter Faden durch die biblische Urgeschichte zieht. Von Adam bis zur babylonischen Sprachenverwirrung immer wieder der Leitgedanke: Wer das Maß nicht kennt, verliert das Paradies. Wer verbotene Grenzen überschreitet, lässt Heimat und Geborgenheit hinter sich. Wer so groß wie Gott sein will, kann nicht mehr mit dem anderen reden. Er muss zuschlagen. Das ist die Botschaft der Grimmaer Gründungslegende. Der Stadtname bewahrt den Klang an ersten menschlichen Grimm. Er erinnert an zerstörerische Folgen überschrittener Schranken und mahnt, das rechte Maß zu finden und zu halten.

Paul Gerhardt kam tatsächlich hierher, um in der örtlichen Fürstenschule „Maß und Ordnung" für sein Leben zu finden. So steht es als Lernziel in den Erziehungsgrundsätzen des Elite-Internates „Collegium moldanum".

Sie waren zu zweit aus Gräfenhainichen hier: Paul und sein älterer Bruder Christian. Wie das Brüderpaar Kain und Abel. Doch nicht Hass und Hader bestimmten ihr Verhältnis zueinander, sondern Tränen und Treue. Da war die Trauer um die erst kürzlich verstorbenen Eltern und das Bewusstsein, jetzt ganz fest zusammenhalten zu müssen.

Die durchschnittliche Lebenserwartung lag im 17. Jahrhundert deutlich unter vierzig Jahren. Das Leben war ungesicherter als heute. In der niederbayrischen Wallfahrtskirche Sammarei werden auf dreihundert Votivtafeln die vielerlei Gefahren jener Zeit aufgezeigt: durchgegangene Pferde, wild gewordene Stiere, toll wütende Hunde, räuberische Überfälle, Messerstechereien, Kriegsgefangenschaften, chirurgische Eingriffe mit ungewissem Ausgang, Lungen- und Augenkrankheiten, Kindsnöte, Verbrühungen und vieles mehr. Und immer wieder der Dank Geretteter für Befreiung aus jahrelanger Schwermut: eine erklärbare Volkskrankheit angesichts all dieser Leiden.

Schon in der Jugend verliert Paul Gerhardt seine Eltern. Mit fünfzehn Jahren steht er zusammen mit seinen drei Geschwistern als Vollwaise da. Der Vater war bereits zwei Jahre davor im besten Mannesalter gestorben, jetzt auch noch die Mutter! Seinerzeit war das zwar nichts Besonderes. Es ging vielen so. Aber ist das ein Trost? Wie traumatisch wirkt dieser frühe Schmerz auf die zurückbleibenden Kinder. Wie sehr brauchen Jugendliche gerade während der Pubertät ihre Eltern. Diese sollen Reibung abfangen und Richtung geben. Sie sollen den wachsenden Lebensbaum wahrnehmen und wärmen, dem falschen Wuchs wehren und widerstehen, den Kindern Maß geben. Und nun fehlen sie. Paul Gerhardt zeigt uns die vernarbten Wunden seiner „Teenagerzeit", wenn er mit Worten des 119. Psalms dichtet: „Was ist mein ganzes Wesen / von meiner Jugend an / als Müh und Not gewesen, / solang ich denken kann" (EG 529,2). Was jetzt trägt, ist kein staatliches Sozialamt, sondern der Zusammenhalt in der Familie. Die Mädchen Anna und Agnes werden zur Verwandtschaft geschickt. Die beiden Buben gehen ins Grimmaer Internat. Sie besetzen keinen der zahlreichen Freiplätze für Begabte. Ihre beiden Schulstellen müssen bezahlt werden. Fünfzehn Gulden pro Jahr. Offensichtlich war man finanziell dazu in der Lage. Oder gab es Unterstützung durch den Gräfenhainicher Magistrat? Fühlte man sich den Kindern des früheren Bürgermeisters verpflichtet? Man weiß es nicht sicher.

Wer heute den Spuren der beiden Gerhardt-Jungen folgt, begegnet einer historisch gewachsenen Grimmaer Altstadt, die sich seit dem 17. Jahrhundert nicht sehr verändert hat. Viele Häuser haben ihr „DDR-Grau" wieder abgelegt. Sie sind fein herausgeputzt. Auch Zerstörungen durch die Jahrhundertflut im Jahr 2002 wurden schnell behoben. Die Straßennamen erzählen die Geschichte der Stadt: Unter der „Wurzener Straße" befindet sich ein riesiges 1,5 km langes Tiefkellersystem. Hier wurden Bier und Wein gelagert und auf dem nahe gelegenen „Markt" verkauft. Zwei Gassen erinnern an die „Tuchmacher" und „Weber", deren Stoffe im 15. Jahrhundert in ganz Sachsen begehrt waren. Vom „Floßplatz" aus wurden sie die Mulde abwärts verschifft oder über die „Leipziger Straße" in die 35 km westlich gelegene Messestadt transportiert. Lange Zeit standen beide Handelsstädte wirtschaftlich gleichauf. Leipzig rückt später in den politischen Mittelpunkt. Grimma profiliert sich eher im Bereich der Bildung. Hier druckt der berühmte Verleger Georg Joachim Göschen große Literatur: Schiller, Goethe, Lessing. Der gebürtige Bremer hat sich im Jahr 1795 „eine der schönsten Gegenden der Welt" zur Wahlheimat erwählt. Er bringt viele Träger großer

Namen in die Stadt. 1838 knüpft Pfarrer Köhler an der örtlichen Bildungstradition an, als er das „dritte sächsische Lehrerseminar" gründet. Die „Schulstraße" geht direkt daran vorbei. Folgt man ihr in südlicher Richtung, erreicht man über zwei Kreuzungen hinweg die „Nimbschener Landstraße". Sie führt zu einem berühmten Zisterzienser Frauenkloster. Dieses hat Reformationsgeschichte geschrieben. Im Grimmaer Heimatlied werden die Ereignisse humorvoll besungen: „Der Doktor Luther, Gottes Wort, der war hier wohl vertraut, der holte sich von Nimbschen dort ja seine Jungfer Braut." Die „Jungfer Braut" war Katharina von Bora! Zusammen mit acht weiteren Nonnen ist sie 1523 heimlich aus dem ungeliebten Kloster geflohen. Versteckt in leeren Heringsfässern konnten die durchgebrannten Ordensfrauen nach Torgau entkommen. Die Aktion war lebensgefährlich, denn im albertinischen Sachsen stand auf „Klosterflucht" die Todesstrafe. Was sollte jetzt mit den „Entlaufenen" geschehen? Wer zur evangelischen Freiheit gelangt war, der konnte doch nicht wieder unters „klösterliche Joch der Knechtschaft" zurückgeschickt werden! „Es ist nicht gut, dass der Mensch allein sei." Diesem biblischen Leitsatz folgend, betätigte sich nun Martin Luther als erfolgreicher Heiratsvermittler. Viele einsame Herzen ehemaliger Nonnen und Mönche fanden an seinem Wittenberger Tisch zusammen. Am Schluss blieb nur noch eine übrig: Katharina von Bora. So entschloss sich Luther selbst zur Ehe. Nur zögerlich ging er diesen Weg. Doch was aus Verlegenheit begann, wurde zu einer großen Liebe und zum Urbild des evangelischen Pfarrhauses. Luther sprach zeitlebens voller Respekt von seiner Frau als „Mein Herr Käthe!". Sie war kein Heimchen am Herd, vielmehr eine erfolgreiche Geschäftsfrau. Zwei starke Persönlichkeiten, die sich gegenseitig ergänzten. Ob die beiden sich schon aus Grimmaer Zeiten kannten? Jedenfalls war Martin Luther schon als Mönch mehrmals früher zu Gast im hiesigen

Augustinerkloster. Er kam hierher in seiner Eigenschaft als „Visitator" seines Ordens und sollte im Kloster nach dem Rechten schauen. Nimbschen ist nur drei Kilometer entfernt. Hat er da bereits seine zukünftige Braut erblickt? Durchs Grimmaer „Verlobungsgässchen" werden die beiden wohl sicherlich nicht geschlendert sein...

Dass heute die „Klosterstraße" unmittelbar in die „Paul-Gerhardt-Straße" übergeht, ist ein sprechendes Bild: Aus der ehemaligen Abtei wird im Jahr 1550 eine Schule. Wo Luther geprüft und gepredigt hat, hat Paul Gerhardt hundert Jahre später gelernt und gesungen. Die Mauern des Gebäudes atmen den Geist des Reformators. Paul Gerhardt repetiert dort dessen Lieder und erforscht seine Gedanken.

Mit der Reformation entstand ja zunächst ein drastisches Unterrichtsproblem. Einerseits wollte Luther, dass das „gemeine Volk" die Bibel lesen kann. Andererseits gab es durch die Auflösung der Klöster plötzlich keine Lehrer mehr. Im Mittelalter waren die Mönchsorden Träger der Bildung gewesen. Durch den Sturm von Völkerwanderung und Bildungsverfall hindurch hatten die Mönche alte philosophische Schriften aus den Trümmern des Römischen Reiches gerettet. Hinter dicken Klostermauern wurden die antiken Sprachen gelehrt und die griechischen Denker verehrt. In ihren Bibliotheken lagerte Wissen aus vorchristlicher Zeit. Eine Saatzelle für das spätere Aufblühen humanistischen Denkens. Daran knüpft die reformatorische Bewegung an.

Luther antwortet auf die neu entstandene Bildungsnot. Er richtet 1524 ein Sendschreiben „An die Bürgermeister und Ratsherren aller Städte in deutschen Landen, dass sie christliche Schulen aufrichten und halten sollen". Das war sicher ein erster Schritt zur Verweltlichung des Bildungswesens. Dennoch blieb bis weit in die Neuzeit hinein die kirchliche Ausrichtung des

Unterrichts prägend. Davon zeugen die selbstverständlich als bekannt vorausgesetzten Bibelzitate in Werken säkularer Autoren. Klopstock, Nietzsche und viele andere Persönlichkeiten haben Jahrhunderte später noch von der reformatorischen Bildungsinitiative profitiert. Wenn Friedrich Schiller später in Grimma bei Verleger Göschen zu Gast war, wusste er selbstverständlich, wer Paul Gerhardt war. Dessen Lieder hat ihm seine fromme Marbacher Mutter beigebracht. Er hat sie in seiner Schulzeit täglich gesungen. Schillers Lieblingslied war Gerhardts Abendlied „Nun ruhen alle Wälder" (EG 477).

Auch in solchen Landstädtchen wie Gräfenhainichen wurden nun, auf Luthers Vorschlag hin, sogenannte „Bürgerschulen" eingerichtet. Hier lernten Kinder wie Christian und Paul nicht nur Lesen und Schreiben, sondern auch die Grundlagen der lateinischen Sprache und des evangelischen Glaubens. Eine eiserne Ration für den Alltag. Das Fundament menschlicher Kommunikation im 17. Jahrhundert. Wer mehr wollte, der musste eine der sächsischen Fürstenschulen besuchen. Herzog Moritz hatte sie gegründet. Er reagierte auf Luthers Sendschreiben mit einer neuen Landesordnung im Jahr 1543. Darin wird festgelegt, dass drei ehemalige Klöster seines Landes zu höheren Lehranstalten umgewandelt werden sollten: Pforta, Grimma und Meißen. Das Ziel dieser Einrichtungen wurde klar beschrieben: Man brauchte Führungskräfte für Politik und Verwaltung. Verantwortungsträger in Kirche, Wissenschaft und Gesellschaft sollten hier ihre Grundausbildung erhalten – und zwar im Geist der Wittenberger Theologie und des Humanismus. Ab dem 11. Lebensjahr konnten begabte Knaben die Aufnahmeprüfung ablegen. Sie mussten einen Brief in lateinischer Sprache schreiben und Luthers kleinen Katechismus lateinisch aufsagen können. Wie die heutigen Gymnasien waren diese Internate eine Vorstufe fürs spätere Universitätsstudium.

Die Schulordnung des „Collegiums" gibt einen genauen Einblick in den Stundenplan der Gebrüder Gerhardt. Grammatik, Logik, Poesie und Musik standen auf dem Programm. Ebenso die alten Sprachen: Hebräisch, Griechisch und Latein. Und vor allem das unbestrittene Hauptfach: die Kenntnis der evangelischen Religion. Dorthin zielte alles Lernen und Leben der Schule: zu einem christlichen Verständnis der Welt.

Schon Kaiser Karl der Große hat den humanistischen Teil der Bildung nur als eine „Hilfswissenschaft" angesehen, die der „christlichen Lehre unter zu ordnen" sei. Nur ein Weg zum Ziel also. Lehrer sollten ihre Schüler mit dem antiken Denken nicht gefangen nehmen, sondern sie damit „zu den Weidegründen des ewigen Lebens führen". Luther nimmt diesen Gedanken auf, wenn er die alten Sprachen als „Scheide" bezeichnet, in der sich das „Schwert des göttlichen Wortes" befinde. Man lernt Hebräisch und Griechisch nicht zum persönlichen Ergötzen, sondern um die Bibel zu verstehen. Alles ist ausgerichtet auf ein Leben, das dem Himmel entgegengeht.

Adam Siber war der erste Rektor der Grimmaer Fürstenschule. Seine Familie stammt von den Böhmischen Brüdern ab. Viele Mitglieder dieser Märtyrerkirche haben ihren evangelischen Glauben mit Vertreibung, Folter und Tod bezahlt. Umso klarer die biblische Ausrichtung, die Siber den Schülern ins Gewissen schreibt: Sie sollten keinen Moment „den Gedanken an Gott" aus ihren Herzen verlieren. Paul Gerhardt lässt dieses Schulziel anklingen, wenn er später in einem Lied den Heiligen Geist darum bittet, dass er mit „Frömmigkeit die Jugend" (EG 133,10) erfüllen möge.

Heute werden unsere Lehranstalten mit neuen Bildungsplänen geradezu überrollt. Lernziele werden laufend verändert. Der Unterricht tut sich schwer, den ständigen Veränderungen der technischen Welt standzuhalten. Mit Interesse mag man da die fast steinerne Überzeitlichkeit des Grimmaer Fächerkanons betrachten. Grundlegend damals: das humanistische Ideal „Ad fontes", zurück zu den Quellen. Das ganz Alte ist das beste Neue. Nicht Fach-, sondern Orientierungswissen ist gefragt. Nicht der unmittelbare Nutzen für die eigene Lebenspraxis bestimmt das Lernen, sondern das Einstimmen in vorgegebene Sinnzusammenhänge. Es gibt gemeinsame Werte eines christlich geprägten Abendlandes. Diese sind nicht aus dem Heute heraus, sondern nur geschichtlich zu erschließen. Wer Wurzeln in der Vergangenheit hat, kann in der Gegenwart erblühen. Wer seinen Platz in der Welt kennt, wird ihn nicht nur als Pfarrer, sondern auch im Arzt- oder Anwaltsberuf verantwortlich wahrnehmen. Volkstümlich gesprochen: „Wer gut ist in Religion, der kann auch alles andere." Der christliche Blickwinkel sollte die Grundlage allen weltlichen Handelns sein. So gab es über Jahrhunderte hinweg einen unveränderten Wissens- und Wertekatalog, der sich an der Bibel orientierte. Ein fester Kanon, der in den Schulordnungen einheitlich festgeschrieben war. Er verband Europa untereinander und durch Generationen hindurch.

Das Wort „Kanon" kommt ursprünglich aus der semitischen Handwerkersprache. Das ist ein „Meß-Stab" oder eine „Richtschnur". Der Architekt muss nicht tausend verschiedene Steine von der Baustelle mit nach Hause nehmen, um ein Bauwerk zu planen. Es genügt, wenn er seinen Meßstab hat, mit dem er die Wirklichkeit erfassen und gestalten kann. Wer die Fürstenschule verlassen hat, der kennt nicht alle „Bausteine dieser Welt", aber er hat nun einen Messstab zur Verfügung, um sich zurechtzufinden. Er hat mit dem erlernten Wissenskanon eine innere Richtschnur, anhand derer er werten und urteilen kann. Er besitzt ein Maß, mit dem er die Wirklichkeit aus biblischer Sicht erfassen und gestalten kann. Das ist die Zielsetzung der Grimmaer Schulordnung: „Wir haben es für gut angesehen unserer Schule ein Maß zu setzen, nachdem sich jedermann zu richten hat, auf dass die Jugend darinnen in Gottesfurcht und guten Künsten erzogen und gemeinsamer Landschaft Nutzen und Frommen daraus erwachse!"

Wie verlief nun so ein Schultag hinter den dicken Klostermauern am Ufer der Mulde?

Um fünf Uhr früh wurde mit den Glocken geweckt. Nach dem Anziehen der kuttenähnlichen Schalaunen und einem gemeinsamen Morgengebet mussten die 96 Schüler zunächst im kargen Dämmerlicht ihre kalte Stube fegen. Um sechs Uhr begann der Unterricht. Die „Lectiones" wurden von vier angestellten Lehrern gehalten. Deren außerschulisches Verhalten war klar geregelt: Abends nicht so lange in der Gastwirtschaft sitzen, ehrbare Kleider anziehen, pünktlich zu Tische sitzen. Jede Schulstunde wurde mit einer lateinischen „Antiphon" eröffnet. Das klösterliche Psalmengebet durchzog den Tag. Es herrschte mönchische Strenge. Gegessen wurde nach dem gesungenen „Benedictus" zweimal täglich warm um 9 und um 16 Uhr. Die fleischreichen Mahlzeiten wurden im „Refektorium" eingenommen und waren in der Schulordnung bis ins Detail hinein festgelegt. Auch Bier aus der „Wurzener Straße" stand auf dem Tisch. Wohl die einzigen Freuden inmitten asketischer Zucht. Während des Essens wurde geschwiegen. Ein dazu verordneter Schüler musste etwas vorlesen. Keine Minute ohne Bildung.

Grundlegend war die Unterrichtsmethode der „Imitatio": Der Lehrer sagt mehrmals etwas vor, die Schüler sprechen es wiederholend nach. Kernsätze wurden auswendig gelernt. Wer nicht parierte oder kapierte, bekam Schläge. Körperliche Züchtigung war an der Tagesordnung.

Musik spielte eine zentrale Rolle. Mehrere Stunden am Tag probte der Kantor mit den Schülern figurale Chorsätze, die sich am Prinzip des „Kanons" orientierten. Ein vielstimmiger, motettenartiger Ton, der sonntags im Gemeindegottesdienst zu hören war. Diese Musik brachte in ihrer streng mathematischen Struktur das schulische Grundkonzept zum Klingen. Man kannte die Weisheit Salomos: Alles ist nach Maß und Zahl klar geordnet (Weisheit 11,20). Das gehört zum „Sehr-Gut" der Schöpfung. Der Kosmos hat bis in die kleinste Einheit hinein berechenbare Strukturen. Wer dementsprechend singt, lobt den Schöpfer, wer das Maß verliert, wird zum Schreihals der gefallenen Welt. Das Geordnete steht gegen das Zerbrochene. Der Christ singt „in rechter Ordnung" gegen die Mächte zerstörerischer Maßlosigkeit. Dem Kantor legt die Schulordnung auf, sich nicht mit modernen Kompositionen selbst zu verwirklichen, sondern „in gebräuchlichen Tönen ohne übermäßiges Geschrei zu singen".

Abends um 20 Uhr lagen die Jungen in ihren Betten. Freie Zeit gab es so gut wie keine. Zwar durften die Schüler nachmittags eine halbe Stunde im Klostergarten zubringen, nicht aber zum Fußballspielen, sondern um ihre „Lectiones zu repetieren". Sonntags stand ein gemeinsamer Spaziergang auf dem Programm. Es war die einzige Zeit der Woche außerhalb des Klosters, aber nicht außerhalb schulischer Kontrolle. Zwei und zwei hintereinander marschierte man streng bewacht durch die Straßen Grimmas oder entlang der Mulde. Ferien gab es zwei Jahre lang überhaupt nicht. Ein hartes Leben – geprägt von Druck und Drill.

Ist das die rechte Art, seelische Verwundungen aufzuarbeiten? Können zwei elternlos gewordene Buben so getröstet werden?

Christian Gerhardt hält die Situation nicht mehr aus. „Ohne Anzeigung von Gründen" flieht er bei Nacht und Nebel aus der Schule. Er möchte wieder nach Hause. Zwar schickt ihn der Gräfenhainicher Magistrat postwendend wieder zurück. Doch die schulischen Leistungen bessern sich nicht. So wird er kurz darauf „in Gnaden entlassen". Er geht heim und übernimmt die elterliche Wirtschaft.

Paul bleibt. Er ist ein Steher, ein Durchhalter – nicht nur in dieser Situation. Die dunkle Seite der Schule lässt er über sich ergehen. Von der Substanz dieser Ausbildung aber profitiert er ein Leben lang. Ernst Jünger, ein Schriftsteller unserer Tage, vermutet, „dass ein Grad der Kultur wie er in Deutschland vor dem Dreißigjährigen Krieg bestand, nie wieder erreicht wurde". 1613 war das Jahr des Bücherrekords. Erst 1780 wurde wieder ein ähnlich hoher Stand an Veröffentlichungen erreicht. In diesem bildungsfreundlichen Klima lernt Paul Gerhardt die Grundlagen seines Denkens und die Werkzeuge seiner Dichtung: Lebensmaß und Versmaß.

Die Schüler der Fürstenschule haben sich das Dichten wie ein Handwerk angeeignet. Sie mussten sich bestimmte poetische Grundregeln „einpauken". Dann wurden ihnen „schlechte" Gedichte vorgelegt mit der Aufgabe, die erworbenen Regeln anzuwenden und die Sätze zu verbessern. In einem dritten Schritt ging es darum, eigene Verse zu erstellen. Nach der „küssenden Muße" hat zu jener Zeit kaum jemand gefragt. Es gab immer wieder bestimmte Anlässe, die zum Dichten herausforderten: Geburtstage, Trauungen, Bestattungen, Jubiläen. Da war eine Person, ein Gegenstand, ein vorgegebenes Thema. Man hatte klare Regeln im Kopf. Und dann ging's los. Gedichte waren zunächst nicht eine Sache der Begabung, sondern des Fleißes.

Eine wichtige Grundregel lautete: Poesie soll nicht bloß eigene Gemütszustände darstellen, sondern Wirkung beim Zuhörer erzielen. Rektor Siler forderte, dass „das Herz" der Menschen erreicht werden solle. Und dafür standen Techniken zur Verfügung. Mit der damals gebräuchlichen „Affektenlehre" bekamen die Schüler einen Katalog in die Hand, in dem sie nachschlagen konnten, welche Gefühle durch einen bestimmten Gebrauch der Sprache ausgelöst werden. Dass zum Beispiel Sätze mit vielen dunklen Vokalen eine eher ernste Stimmung beim Hörer bewirken oder dass kurze, spitze Worte etwas ungeduldig Drängendes empfinden lassen. Dass Ausrufe wie „O" oder „Ach" als Stimmungsverstärker verwandt werden können oder dass Wortwiederholungen einen Gedanken emotional unterstreichen. Solche Regeln konnte man sich aneignen wie mathematische Formeln. Grundsätzlich sollten die Gedichte dreierlei bewirken, nämlich „lehren" (docere), „bewegen" (movere) und „erfreuen" (delectare): Ein Inhalt, gegebenenfalls auch mit unterhaltsamen Mitteln, wird so weitergegeben, dass er beim anderen Menschen ankommt. Beim ganzen Menschen mit Geist, Leib und Seele.

Das galt auch für geistliche Gedichte. An sie wurde zudem noch der Maßstab einer Predigt angelegt. Sie sollten das Evangelium verkündigen. Auch hier wieder ein Dreischritt. Zuerst wird das dastehende Bibelwort in Reimform berichtet (Lectio), dann der Text in seinem biblischen Zusammenhang erklärt (Explicatio). Schließlich wird das Biblische ins Heutige übertragen und auf den Zuhörer „angewendet" (Applicatio). Drei Fragen stellte sich der geistliche Liederdichter über der offenen Bibel: Was sagt der Text? Was meint er? Was bedeutet er?

Predigende Dreisprünge findet man in vielen Liedern jener Zeit. Paul Gerhardt zeigt diese Kunst besonders in seinem „Weihnachtsgesang" (EG 39). Er knüpft am Evangelium der Christnacht an, wo es heißt: „Als die Engel von ihnen gen Himmel fuhren, sprachen die Hirten untereinander: Lasst uns gehen nach Bethlehem und die Geschichte sehen, die da geschehen ist, die uns der Herr kundgetan hat" (Lukas 2,15). Zum Teil mit wörtlichen Anklängen stellt Paul Gerhardt die Sänger zunächst in die Reihen der Hirten. Sie rufen einander zu:

Kommt und laßt uns Christus ehren,
Herz und Sinnen zu ihm kehren;
singet fröhlich, laßt euch hören,
wertes Volk der Christenheit.

EG 39,1

Sie brechen auf zum Stall mit den Worten:
Sehet, was hat Gott gegeben:
seinen Sohn zum ewgen Leben.
Dieser kann und will uns heben
aus dem Leid ins Himmels Freud.

EG 39,3

Das ist die unmittelbar vorliegende Textebene (Lectio). Dann wird der Blick geweitet zum Lobgesang des Zacharias. Ein erstes Nachdenken über das „gesehene" Weihnachtsgeschehen. Wir erfahren den Grund für die göttliche Geburt:

Seine Seel ist uns gewogen,
Lieb und Gunst hat ihn gezogen,
uns, die Satan hat betrogen,
zu besuchen aus der Höh.

EG 39,4 nach Lukas 1,78

Jetzt öffnet sich der Horizont bis ins Alte Testament mit seinen Verheißungen:

Jakobs Stern ist aufgegangen
stillt das sehnliche Verlangen,
bricht den Kopf der alten Schlangen
und zerstört der Höllen Reich.

EG 39,5 nach 4. Mose 24,17 und 1. Mose 3,15

Der Liederdichter erklärt uns aus der Gesamtsicht der Bibel heraus die Bedeutung des göttlichen Kindes. Es ist Erfüllung des göttlichen Heilsplans und Erweis der himmlischen Liebe (Explicatio). Schließlich die Übertragung des „Geschauten" in die Gegenwart des Hörers:

> O du hochgesegnete Stunde,
> da wir das von Herzensgrunde
> glauben und mit unserm Munde
> danken dir, o Jesulein.

EG 39,6

Vertrauen und Dank als menschliche Antwort auf Gottes Liebe (Applicatio). Und am Schluss der typisch Gerhardtsche Himmelsblick:

> Schönstes Kindlein in dem Stalle,
> sei uns freundlich, bring uns alle
> dahin, da mit süßem Schalle
> dich der Engel Heer erhöht.

EG 39,7

Paul Gerhardt ist durch den einheitlichen Gebrauch sprachlicher Regeln verbunden mit vielen anderen Liederdichtern seines Jahrhunderts. Allgemeine „Grundrechenarten", die alle Versemacher in der Werkstatt der Poesie kennengelernt haben. Darüber hinaus spürt man ein gemeinsames Fühlen in der Lyrik dieser Zeit. Es nährt sich aus den Erfahrungen von Krieg, Krankheit und Kummer. Das Leid, kollektiv oder persönlich erlebt, ist herausragender „Gegenstand" damaliger Dichtung. Viele der stärksten Trostlieder unseres Gesangbuches sind während des Dreißigjährigen Krieges entstanden. Dafür stehen große Namen wie Johann Heermann („O Gott, du frommer Gott", EG 495), Martin Rinckhart („Nun danket alle Gott", EG 321) oder Georg Neumark („Wer nur den lieben Gott lässt walten", EG 369). Und

doch: Paul Gerhardt besitzt inmitten dieses ähnlichen „Klanges"
eine ganz eigene Stimme. Etwas Unverwechselbares. Er ist mehr
als nur ein gewissenhafter Handwerker. Er hat etwas Eigenes, das
ihn weithin erkennbar macht. Etwas Originales, das ihn für viele
Menschen zu einem Synonym für „Glaubenszuversicht und
Gottvertrauen" hat werden lassen. Schon manch einer hat beim
gottesdienstlichen Singen ein Lied von ihm als persönliche
Kraftquelle entdeckt und dann festgestellt, als hätte man einen
alten Bekannten getroffen: „Ach ja, das ist auch von Paul Gerhardt. Ganz typisch."

Was ist das Typische an ihm? Was löst den Wiedererken-
nungswert aus? Was macht ihn für uns so ganz eigen?

Auffällig sind nicht die zahlreichen Strophen, aus denen seine
Lieder bestehen. Das war damals gängige Mode. Diese Länge
kam nicht deswegen zustande, weil der Liederdichter – wie
mancher Pfarrer bei seiner Predigt – keinen Schluss finden
konnte. Vielmehr hatten Choräle schon seit der Gregorianik eine
geistliche Übungsfunktion. Sie sollten nicht nur einen Inhalt vermitteln, sondern vor allem zur inneren Meditation führen. Beim
Singen wollte man zur Ruhe kommen und zu Gott finden. Das
braucht Zeit und einen langen Atem.

Gerhardt umkreist gerne einen theologischen Gedanken. Er
kennt die Gesetze der Meditation: Man muss langsam zum Wort
hinführen, es wiederholen, verschiedene Sichtweisen beleuchten.
Das Lied „Sollt ich meinem Gott nicht singen" (EG 325) ist
zwölf Strophen lang. Im Refrain heißt es elfmal: „Alles Ding
währt seine Zeit, / Gottes Lieb in Ewigkeit." Nur die letzte, die
Ewigkeitsstrophe setzt an die Stelle des vorherigen Refrains den
Satz: „Bis ich dich nach dieser Zeit / lob und lieb in Ewigkeit."
Der Gegensatz ist offensichtlich: Hier auf Erden hat man nur
eine begrenzte Zeit zum Loben, ein gesetztes Maß. Irgendwann
geht die Kraft zu Ende: Ganz anders dann im kommenden Le-

ben: dort ist das Loben endlos. Die Länge der damaligen Lieder lässt ein Stück dieser grenzenlosen Ewigkeit erahnen. Viele „ewiglange" Lieder aus dem 17. Jahrhundert ermüden den heutigen Sänger. Ganz anders Paul Gerhardt. Seine Lieder sind lang, aber nicht langweilig. Er berichtet lebensnahe Geschichten und Erlebnisse. Manche Biographen vergleichen ihn mit einem Balladensänger. Man wartet gespannt auf die nächste Strophe. Er verwendet häufig ein eingängiges, erzählendes Versmaß. Er liebt das Berechenbare, nicht das Explosive. Das Schlichte, nicht das Pathetische.

Bei den späteren Pietisten wird das sogenannte „Echolied" modern. Deren Gedichte provozieren eine Reaktion. Sie warten auf ein Echo des Zuhörers. Paul Gerhardt dagegen wahrt die Distanz. Er starrt den Zuhörer nicht herausfordernd an. Er schaut unverwandt auf Gottes Wundertaten. Er schildert sie in der schlichten, treffenden und doch gehobenen Umgangssprache seiner Zeit. Er will das menschliche Herz mit dem Evangelium erreichen – so wie es Rektor Siler seinen Schülern ins Stammbuch geschrieben hat – aber er zwingt die Menschen nicht. Er lädt freundlich zum Glauben ein, aber er manipuliert nicht. Eine gewinnende Sprache ohne rhetorische Gewalt. Er ist vornehm, nicht arrogant. Seine Verse kunstvoll, nicht künstlich. Gerhardts Werk atmet kindliche Natürlichkeit. Er findet eben immer das richtige Maß.

Es ist kaum möglich eine genaue Datierung seiner Lieder vorzunehmen. Konkrete Bezüge auf geschichtliche Ereignisse gibt es nur wenige. Paul Gerhardts Dichtung ist überzeitlich und objektiv. Seine Wortbilder bleiben im täglich erfahrbaren Lebensbereich. Seine Formulierungen sind so konkret, dass sie ansprechen, und doch so weit gespannt, dass sich viele eigene Alltagssituationen darin unterbringen lassen. Seine Wortwahl orientiert sich an der Bibel. Er schöpft aus den Psalmen. Er dichtet nahe am Herzen Gottes. Das enthebt ihn der menschlichen Moden und lässt ihn aktuell bleiben bis zum heutigen Tage.

Bei allem Handwerklichen darf jedoch seine hohe sprachliche Begabung nicht übersehen werden. Seine Dichtung zeichnet sich durch eine gewisse Leichtigkeit aus. Jede Formulierung hat ihren unangefochtenen Platz. Da ist kein Wort zuviel. Der natürliche Bewegungsverlauf der Zunge in den Vokalen „a-e-i-o-u" begegnet immer wieder. Das macht die Verse flüssig. Seine Lyrik wirkt unangestrengt selbstverständlich.

Die Qualität seiner Lieder ist unbestritten. Von den 133 deutschen Kirchenliedern, die er geschrieben hat, sind heute noch rund 34 regelmäßig im Gebrauch der Gemeinden. Kaum ein Festtag ohne Paul Gerhardt. Er sagt das Wesentliche und Bleibende. Es geht ihm nicht um menschliche Ehre, sondern um die Verkündigung des göttlichen Wortes. Die Heilige Schrift ist immer im Mittelpunkt. Er schreibt:

Weltskribenten und Poeten
haben ihren Glanz und Schein,
mögen auch zu lesen sein,
wenn wir leben außer Nöten;
In dem Unglück, Kreuz und Übel
ist nichts Bessers als die Bibel!

Gottes Wort, das ist's vor allen,
so uns, wenn das Herz erschrickt
wie ein kühler Tau erquickt,
dass wir nicht zu Boden fallen.
Wenn die ganze Welt verzagt,
steht und siegt, was Gott gesagt.

Darum liebt, ihr lieben Herzen,
Gottes Schriften, die gewiss

in der Herzensfinsternis
besser sind als alle Kerzen;
Hier sind Strahlen, hier ist Licht,
das durch alles Herzleid bricht.

CS 57,1.4.6

Zwei Jahre bevor Paul Gerhardt die Fürstenschule verlässt,
kommt ein ungebetener Gast ins sächsische Land: Wallensteins
Truppen schleppen den „Schwarzen Tod" hierher. Grimma ver-
wandelt sich in ein Seuchennotstandsgebiet. Die Pest beherrscht
die Stadt. Voller Angst fühlen die Bewohner das nahe Verderben:
„Morgens noch rot und abends schon tot!" Die meisten Fürsten-
schüler verlassen fluchtartig die Schule. Nur sechs Jungen harren
aus. Paul Gerhardt gehört zu denen, die bleiben. Wo soll er auch
hin?

Schon früh erlebt er in seiner unmittelbaren Umgebung, was
die Menschen im Mittelalter als „Geisel Gottes" bezeichneten. Er
spürt, wie nahe allem Geschaffenen das Ende ist, wie schnell das
Sterben kommen kann:

Menschliches Wesen,
was ist's gewesen?
In einer Stunde
geht es zugrunde,
sobald das Lüftlein
des Todes drein bläst.
Alles in allen
muß brechen und fallen,
Himmel und Erden,
die müssen das werden,
was sie vor ihrer Erschaffung gewest.

EG 449,7

70

Doch gibt es für ihn über aller Vergänglichkeit eine höhere Ordnung, in der er sich geborgen weiß. Im Sturm des Lebens starrt er nicht wie gelähmt zu den sich auftürmenden Wellen von Sorgen und Leid, nicht auf die Pestleichen, die die Mulde herab schwimmen. Er schaut hinauf zum Himmel. Fest und verlässlich stehen die Sterne. Sie geben dem Steuermann Richtung und Ziel. Mitten in allem Zerbrechen weiß er:

> Denn wie von treuen Müttern
> in schweren Ungewittern
> die Kindlein hier auf Erden
> mit Fleiß bewahret werden,
>
> also auch und nicht minder
> läßt Gott uns, seine Kinder,
> wenn Not und Trübsal blitzen,
> in seinem Schoße sitzen.
>
> EG 58,4.5.

Sollten die Stadtführer Recht haben, dann hat der biblische Kain in Grimma sein Lebensmaß und seine Heimat verloren. Paul Gerhardt erlebt hier das Gegenteil. Er erwirbt sich an der örtlichen Fürstenschule einen Platz in der Welt. Die Ausbildung macht ihn sprachfähig im Umgang mit den Menschen seiner Zeit. Er vermag es nun mit „Hohen und Niedrigen, mit Gebildeten und Einfachen" zu verkehren. Er verlässt die Schule mit einem inneren Messstab im Herzen, der ihn tüchtig macht, diese Erde zu verstehen und sie anderen Menschen mit seinen Liedern zu erklären.

Ob freilich seine Lehrer das in ihm schlummernde Talent bereits erkannt haben, bleibt fraglich. Sein Schulzeugnis ist eher mäßig. Da heißt es über ihn: „Er ist von nicht geringer Begabung, beweist Fleiß und Gehorsam. Sein Stil kann zum großen

Teil erträglich genannt werden, und auch seine Verslein sind erträglich!"

Kein Genie also. Eher ordentliche Mitte. Aber sind nicht Durchschnittsschüler im täglichen Umgang tatsächlich viel „erträglicher" als Ehrgeizlinge und Streber? Wohl vorbereitet reist er ab zum Studium der Evangelischen Theologie nach Wittenberg, dem lutherischen Rom. Es geht Richtung Heimat.

Theologiestudium in Wittenberg
(1628–1642)

AUS DER QUELLE SCHÖPFEN

War es wohl die letzte Bitte der sterbenden Mutter? „Paul, du sollst Pfarrer werden. Folge den Fußstapfen deines Groß- und Urgroßvaters!" Oder stand es vielleicht so im väterlichen Testament? Paul Gerhardt hat später für seinen Sohn etwas Ähnliches geschrieben: Bodenständige Lebensregeln für die Hinterbliebenen. Berufswünsche der Eltern für ihre Kinder. Man hatte damals den Mut, auch im Angesicht des Todes nüchtern zu reden und lenkend zu raten. Das gehört seit dem Mittelalter zur „ars moriendi", zur „Kunst des Sterbens". Der Sterbende sollte in den letzten Stunden der „Versuchung zeitlicher Güter" entsagen. Dies konnte für die zurückbleibenden Kinder die Empfehlung zur Folge haben: „Werde nicht gut verdienender Jurist oder angesehener Mediziner. Diene vielmehr dem Ewigen und werde ein Geistlicher. Studiere Theologie!" So mancher Kanzeltheologe ist nur deswegen Pfarrer geworden, weil er damit ein Versprechen erfüllte. Wir wissen nicht, welche Geschichte hinter Paul Gerhardts Berufswunsch stand, aber seine späteren Lieder und Predigten zeigen ihn als gläubigen Mann, der andere gewiss machen und trösten konnte. Er wird Pfarrer – nicht aus blindem Gehorsam, sondern von ganzem Herzen. Bis zum Erreichen dieses Berufszieles sollte es noch ein weiter Weg werden.

Mit zwanzig Jahren kommt Paul Gerhardt nach Wittenberg. Es sind vertraute Gefilde, die er betritt. Seine Vaterstadt Gräfenhainichen liegt nur 25 Kilometer entfernt. Selbst zu Fuß schafft man die Strecke an einem Vormittag. Dass er den Kontakt zur Heimat gehalten hat, zeigt die spätere Eintragung seines Namens in einem Wittenberger Taufregister. Dort wird er als Pate beim Kind eines Gräfenhainicher Landsmannes genannt. Er bekennt sich damit inmitten einer akademischen Umgebung zu seiner ländlichen Herkunft. Er verleugnet nicht, woher er kommt. Auch die Sprösslinge seines Bruders werden ihren Onkel öfters gesehen haben. Wir dürfen annehmen, dass Gerhardts Beziehung zu den Gräfenhainicher Verwandten von Wittenberg aus intensiver gepflegt werden konnte als vorher. Nach engen, strengen Jahren hinter grauen Grimmaer Klostermauern, darf sich sein Horizont nun öffnen für die neuen Freiheiten studentischen Lebens. Auch die Landschaft ist jetzt wieder eben und weit. Das Herz atmet auf: „Student sein, wenn die Veilchen blühen, das ist des Daseins schönste Feier, Herr, lass sie nie zu Ende gehn" (Josef Buchhorn, 1906).

Freilich, so unbeschwert wie in diesem romantischen Burschenschaftslied, konnte Paul Gerhardt seine Studentenzeit nicht genießen. Über Deutschland lag der Pulverdampf des Dreißigjährigen Krieges. Seit zehn Jahren tobte ein brutaler Waffengang konfessionell geprägter Mächte. Europa sollte durch diesen Krieg in seinen Grundfesten erschüttert werden. Bildung und Sitte, Kultur und Moral blieben danach auf Generationen hinaus zerstört. Als Paul Gerhardt nach Wittenberg kam, waren die universitären Institutionen noch einigermaßen intakt. Man konnte anfangs relativ ungestört studieren. Die Gegend lag bis jetzt in einem vom Krieg „verschonten" Bereich. Dies sollte sich jedoch in den nächsten Jahren grundlegend ändern.

Der 2. Januar 1628 war Paul Gerhardts erster Studientag. Dieser begann mit einer feierlichen Immatrikulation. Das war

Stadtansicht von Wittenberg, Holzschnitt von 1611

damals weitaus mehr als nur ein formaler Akt. Der Rektor der Universität war höchstpersönlich anwesend, und die gestrengen Augen der Professoren schauten den Studienanfänger eindringlich an. Eine heilige Stunde. Hochoffiziell wurden Versprechen abgelegt und Hände zum Schwur erhoben. Es folgte – ähnlich den Handwerkerzünften – die sogenannte „Jünglingsweihe". Der neue Student wurde regelrecht verkleidet. Er bekam einen mit zwei Rinderhörnern geschmückten Hut auf. Wie ein Wikinger sah er aus und musste den „Kopf hinhalten". Die Hörner wurden ihm an einem runden Wetzstein abgeschliffen. Für den Studenten ein unangenehmes, aber eindrucksvolles Erlebnis, das ihm deutlich machen sollte: „Nun hast du dir deine Hörner abgestoßen. Du bist jetzt kein ‚ungehobelter' Jugendlicher mehr, sondern ein ‚geschliffener' Akademiker!" Dann wurde ihm eine Prothese mit Schweinszähnen im Mund befestigt. Mit einer übergroßen Zange erschien der Pedell und brach aus dem künstlichen Gebiss einen Zahn heraus. Das sollte bedeuten, dass allem jugendlichen Leichtsinn nun „der Zahn gezogen" sei. Der „Zahnbehandelte" werde zukünftig „nicht lästern, nicht zuviel plaudern, nicht überlaut lachen, nicht zu viel essen oder trinken" und er solle gefälligst „Näscherei und Leckerei unterlassen". Diese und weitere symbolische Handlungen geschahen in der Absicht, dem Studenten seine Untugenden auszutreiben und ihn vor Laster zu warnen. Ihm wurde damit klar gemacht: „Freiheit und Verantwortung sind Zwillingsschwestern! Pass auf dich auf! Treib es nicht so wild!"

Für junge Leute aus adligem Hause war eine solche Ermahnung durchaus notwendig. Sie hatten genügend Geld zur Verfügung, um ihre ausufernden höfischen Lebensgewohnheiten an der Universität auszuleben. Sie waren modisch gekleidet mit Degen, Schärpe und Federhut. Ihretwillen hatte man an der Universität sogar Tanz- und Reitlehrer angestellt. Wein, Weib und Gesang konnten sie sich locker leisten. Und so manches kräftige Zechgelage endete mit einem morgendlichen Fechtduell am nebligen Ufer der Elbe.

Diese studentischen Rituale gehobener Kreise waren für Paul Gerhardt weit weg. Er hatte weder das Geld, noch den gesellschaftlichen Hintergrund zu einem derart aufwändigen Lebensstil. Er gehörte zu denen, die mit ihren Mitteln haushalten mussten. Für acht Kreuzer pro Woche konnte er in einer Art Studentenmensa günstig essen. Dann waren da noch Unterkunft, Kleider, Studiengebühren, Bücher und allerlei andere Kosten. Sein Bruder, der Gräfenhainicher Gastwirt, schickte ihm sicher Brot, Speck und Bier, vielleicht auch einige Gulden. Mit selbstverfassten Gedichten konnte er sich bei Geburtstagen und Jubiläen örtlicher Honoratioren manchen Kreuzer dazuverdienen, sozusagen „erschmeicheln". Darüber hinaus aber war der junge Studiosus dringend auf einen „Nebenjob" angewiesen.

So begegnet er uns Anfang der dreißiger Jahre des 17. Jahrhunderts als „Informator" im Hause des Diakonus Magister August Fleischhauer. Dieser war 53 Jahre lang Oberpfarrer von Wittenberg. Zehn Kinder werden in der Familie geboren, sechs davon erreichen das schulfähige Alter. Eine richtige kleine Klasse, die Paul hier als Hauslehrer zu unterrichten hat. In der Geborgenheit des Pfarrhauses findet er fast zehn Jahre lang Unterkunft und Auskommen. Ein fester Ankerplatz, von dem aus er seine theologischen Studien betreibt. Wenn er beim Lesen aus dem Fenster des Pfarrhauses schaut, erblickt er die mächtige Stadtpfarrkirche. Unmittelbar davor steht deren kleinere Schwester, die alte „Fronleichnamskapelle". Sie wurde damals als Beerdigungskirche genutzt und befindet sich direkt gegenüber dem Fleischhauerschen Hause. Tag für Tag werden Särge an Paul Gerhardts Studentenbude vorbeigetragen. Er sieht die Tränen trauernder Angehöriger. Er vernimmt das Weinen der Witwen. Er fühlt das Elend elternlos gewordener Kinder. Erinnerung an eigene Lebenswunden? Mit dem Tod lebt er Tür an Tür. Nur eine dünne Wand zwischen Leben und Sterben. Prägen diese Erfahrungen nicht das Fragen und Denken eines jungen Theologiestudenten?

Bald wird die politische Lage dramatisch. Der einziehende Schwedenkönig Gustav Adolf lässt sich von den begeisterten Wittenberger Studenten zunächst noch als „Retter des deutschen Protestantismus" feiern. Durch das Eingreifen seiner Truppen wird die völlige Re-Katholisierung Deutschlands in letzter Minute verhindert. Die anfänglich hohe militärische Disziplin seiner Soldaten zwingt die Katholische Liga bis in den Süden Deutschlands zurück. Die befreiten Gegenden können aufatmen. Evangelisches Leben kehrt zurück. Der Schwedenkönig ist reformatorisch gesonnen. Das hält ihn aber nicht davon ab, seine Vorherrschaft in Deutschland auch gegen protestantische Fürsten militärisch durchzusetzen. Weil der Kurfürst nicht parierte, musste nun auch das lutherische Sachsen brennen. „Bet Kindlein bet, denn morgen kommt der Schwed." So hat man voller Angst fortan nicht nur in katholischen Gebieten gerufen. Zwar fällt Gustav Adolf 1632 in der Schlacht bei Lützen, doch der Krieg geht blutig weiter.

In der Osterwoche 1637 erhält Paul Gerhardt die Nachricht, dass Gräfenhainichen am Fest der Auferstehung Christi in Schutt und Asche gelegt worden ist. Der Krieg kannte keine liturgischen Pausen. Die Schweden hatten ganze Arbeit geleistet. Auch das Gerhardtsche Elternhaus war bis auf die Grundmauern zerstört. Wie mag der besorgte Paul am darauf folgenden Sonntag „Quasimodogeniti" („Wie die neugeborenen Kindlein") für seine Lieben gebetet haben? Auf Blutjahre folgten Hungerjahre und mit den Soldaten kam häufig die Pest. So lesen wir ein halbes Jahr später vom Tod des Christian Gerhardt, der nicht nur Gastwirt, sondern auch ehrenamtlicher Vorsitzender des Gräfenhainicher Schöffengerichtes war. Ein angesehener Mann wie sein Vater. Nun lag er tot. Auch die Spur der anderen Verwandten verliert sich im Dunkel der Geschichte. War das Pauls endgültiger Verlust irdischer Heimat? Was sind die Wurzeln, die ihn jetzt halten?

Den Wittenbergern ging es nicht viel besser. Zwar wollte Gustav Adolf diese Stadt ursprünglich verschonen. Er verehrte sie als „Brunnenstube der Reformation". Doch die Besatzungssoldaten hatten „versehentlich" ein schweres Feuer ausgelöst. Man weiß nicht, ob eine umgekippte Kerze oder das bei den Schweden so beliebte „Tabaktrinken" daran schuld war. Jedenfalls wird ein beträchtlicher Teil Wittenbergs vom Brand zerstört. Anschließend folgt das schlimmste Pestjahr in der Geschichte der Stadt. 1637 verzeichnet Wittenberg über zweitausend Todesfälle: das ist die Hälfte der gesamten Einwohnerschaft! Das alles spielt sich vor der Haustüre Paul Gerhardts ab. Wie viel Schrecken haben seine Augen in diesen Jahren gesehen? Wie kann er dieses entsetzliche Sterben aushalten? Wo findet er Kraft und Hoffnung inmitten des Leides?

Es wird vermutet, dass in dieser Zeit seine ersten geistlichen Gedichte entstehen. Aus dem Schrecken heraus werden sie geboren. In den Liedversen zum 85. Psalm klingen Flammen und Krieg noch nach:

> Lösch aus, Herr, deinen großen Grimm
> im Brunnen deiner Gnaden,
> erfreu und tröst uns wiederüm
> nach ausgestandnem Schaden!
> Willst du denn zürnen ewiglich,
> und sollen deine Fluten sich
> ohn alles End ergießen?
>
> CS 71,3

Die Sehnsucht nach Frieden ist groß. Im Gebet wendet er sich an Gott:

> Ach, daß doch diese böse Zeit
> bald wiche guten Tagen,
> damit wir in dem großen Leid
> nicht möchten ganz verzagen!
> Doch ist ja Gottes Hilfe nah,
> und seine Gnade stehet da
> all denen, die ihn fürchten.
>
> EG 283,4

Und am Schluss die tiefe Gewissheit:

> Der Herr wird uns viel Gutes tun,
> das Land wird Früchte geben,
> und die in seinem Schoße ruhn,
> die werden davon leben;

Gerechtigkeit wird dennoch stehn
und stets in vollem Schwange gehn
zur Ehre seines Namens.

EG 283,7

Wo nimmt er diese Zuversicht her?

Bei dem bereits erwähnten feierlichen Akt zur Immatrikulation
hatte Paul Gerhardt seine Unterschrift unter die „Confessio
Augustana" setzen müssen. Dieses Augsburger Bekenntnis war
eine von Melanchthon formulierte und durch Luther abgesegnete
Zusammenfassung des reformatorischen Glaubens. Es war das
den Studenten vorgegebene Maß allen Erkennens, der äußere
Rahmen, in dem alle Wissenschaft sich bewegte. Forschung war
damals nicht wie im heutigen Sinne absolut frei und ergebnisof-
fen. Fragen durfte man zwar alles, aber die Antworten sah man
bereits als geschichtlich vorgegeben. Die Unterschrift unter dieses
evangelische Bekenntnis am ersten Studientag war für alle Wittenberger Studienanfänger Pflicht – auch für Juristen und
Mediziner.

Die Wittenberger Universität galt im 17. Jahrhundert als
führende Hochschule Europas. Ein Bollwerk des Luthertums.
Entscheidende theologische Weichenstellungen gingen von hier
aus. Alles Leben und Streben bewegte sich auf den Spuren des
Reformators. Sein geistiges Erbe zu verwalten und zu verstehen,
seine Lehre auf- und auszubauen war das vorgegebene Ziel aller
universitären Kräfte. Die lutherische Lehre war sozusagen das
vorgegebene Haus, in dem alle Wissenschaft ihr Maß und ihre
Grenze fand. Der äußere Rahmen der Forschung. Man sollte
dieses Gebäude bis in die kleinsten Zimmer und Ritzen näher
kennenlernen. Man durfte es gegebenenfalls ausbessern, reparieren, die Mauern verstärken, die Fenster vielleicht etwas größer machen, die Fassade dem Zeitgeschmack anpassen. Aber prinzipiell

war der wissenschaftliche Raum mit der reformatorischen Lehre abgesteckt. Dazu bekannten sich die Studenten mit ihrer Unterschrift unter die „Confessio Augustana". Sie taten dies sicher nicht gezwungenermaßen, sondern aus innerster Überzeugung. Das Luthertum war die Identität und Werte stiftende Wirklichkeit, aus der heraus sie ihr Leben gestalteten, sonst hätten sie hier nicht studiert. Damals war klar: Alles Materielle kommt aus dem Geistigen, alles was heute sichtbar ist, kommt aus längst Vorgegebenem: „Im Anfang war das Wort" (Johannes 1). Luther war in Wittenberg geistig und räumlich vielfach präsent. Paul Gerhardts Studentendomizil befand sich ungefähr zweihundert Meter entfernt von Luthers ehemaligem Wohnhaus. Luthers Grab in der Schlosskirche war zu Fuß in fünf Minuten zu erreichen. Man wandelte auf den Wegen, die der Reformator hundert Jahre zuvor gegangen war. Jedes Jahr zog sich am 31. Oktober ein feierlicher Festzug durch die Straßen der Stadt. Mit Fahnen und Reden wurde daran erinnert, wie „Dr. Martinus" am Vorabend des Allerheiligenfestes 1517 die 95 Thesen an die Wittenberger Schlosskirchentüre geschlagen hatte. Ein epochales Ereignis: Wiederentdeckung des Evangeliums und Geburtsstunde der Reformation! Und wie ein erfrischender Quelltopf in der Mitte des Festes: die zentrale Botschaft von der Rechtfertigung des Sünders „allein aus Gnade, allein durch den Glauben, allein durch Christus". Überfließende Gnade gegen altgläubige Werkgerechtigkeit. Geschenkte Vergebung gegen päpstliche Geschäftemacherei. Luther hat den Mut, ganz auf den Grund der Heiligen Schrift zu bauen, sich völlig auf Gott zu verlassen. Er sichert den Glauben nicht ab. Er lässt die Quelle der Gnade frei sprudeln. Jedermann soll trinken können. Jedermann soll die Bibel verstehen können. Er versperrt den Weg zu Gottes Liebesbrunnen nicht mit Moral und Gesetz. Er deckt die Wahrheit nicht mit frommen Heiligenlegenden zu. Er verbirgt das Leben

nicht hinter dicken Mauern einer lateinisch sprechenden Kirche.
Jeder soll es wissen dürfen: Gott ist wie ein Wasserverkäufer in
der Wüste, der die Menschen sucht und ihnen gratis das Heil an-
bietet: „Wohlan, alle, die ihr durstig seid, kommt her zum Wasser! Und die ihr kein Geld habt, kommt her, kauft und esst!
Kommt her und kauft ohne Geld und umsonst!" (Jesaja 55,1).

In Paul Gerhardts Liedern ist der „Brunnen" ein Bild für die
nie versiegende Gnade Gottes: „Ich weiß, daß du der Brunn der
Gnad / und ewge Quelle bist, / daraus uns allen früh und spat /
viel Heil und Gutes fließt" (EG 324,2). Gott schenkt uns irdi-
sches Leben dadurch, dass er uns erschaffen hat, „geschöpft" hat
aus dem Born seiner Gnade. Und er schenkt uns ewiges Leben
durch Jesu Kreuz auf Golgatha: „Sein Sohn ist ihm nicht zu
teuer, / nein, er gibt ihn für mich hin, / daß er mich vom ewgen
Feuer / durch sein teures Blut gewinn. / O du unergründ'ter
Brunnen, / wie will doch mein schwacher Geist, / ob er sich
gleich hoch befleißt / deine Tief ergründen können" (EG 325,3)?

Dieser reformatorische Durchbruch hat auch den Gottesdienst grundlegend verändert. War es in der katholischen Messe
das Opferblut Jesu Christi, das bei jeder Kommunion zu Gott
hinauffließen sollte, um ihn immer wieder aufs Neue mit den
Menschen zu versöhnen, so verlief der evangelische Weg umgekehrt: Der Gnadenstrom läuft von „oben herab"! Der Apostel
Paulus sagt: „Gott hat die Welt mit sich versöhnt. So bitten wir
nun an Christi statt: Lasset euch versöhnen mit Gott" (2. Korinther 5). Nicht Gott muss noch versöhnt werden, sondern der
Mensch, nicht Gott bedarf unseres Opfers, sondern wir brauchen
die Aussöhnung. So ist das Wesentliche nun nicht mehr das
Messopfer, das die Vergebung mit Gott erwirken soll – da gibt's
nichts mehr zu erwirken, denn es ist schon alles getan – nein, das
Entscheidende ist nun das Wort, das die Vergebung zuspricht.
Das Wort, das den Frieden herstellt – das Wort, das die einmalig

am Kreuz für alle Zeiten erworbene Vergebung den Menschen zuteilt. Das Wort, das wie „Regen ist, der vom Himmel fällt und nicht wieder leer zurückkommen wird" (Jesaja 55,12). Das Wort von Gottes Gnade, das auf unsere menschliche Antwort wartet. Der Gottesdienst wird von einem katholischen „Ort des Opfers" zu einem evangelischen „Ort des Gesprächs". Luther formuliert es so: „Gott redet mit uns durch sein Wort und wir wiederum reden mit ihm durch Gebet und Lobgesang!" Die Quelle der Gnade fließt von oben herab und strömt im Gottesdienst zu den Menschen. Das bleibt nicht ohne Wirkung. Gott spricht: „Ich will Wasser gießen auf das Durstige und Ströme auf das Dürre" (Jesaja 44,3). Er schenkt das Wachstum. Die guten Werke sind nicht Bedingungen zum Heil, sondern natürliche Folgen, Früchte des „rechten Gottesdienstes". Auch deren Ursprung liegt dann letztlich nicht im Menschen. Sie wachsen vielmehr heraus aus Gottes Gnadenquelle. Das Gespräch mit ihm hat Folgen. Es führt ganz von selbst zu einem dankbaren Leben.

Diesem lutherischen Denken entspricht Paul Gerhardt. Seinen Liedern fehlt der auffordernde Charakter. Er weiß, dass alles im Leben Gnade ist:

> Auch wenn ich gleich was wohl gemacht,
> so hab ich's doch nicht selbst vollbracht,
> aus dir ist es entsprungen;
> Dir sei auch dafür Ehr und Dank,
> mein Heiland, all mein Leben lang
> und Lob und Preis gesungen.
>
> CS 110,8

Er schreibt keine Heiligungslieder. Er hebt nicht den moralischen Zeigefinger. Er zwingt nicht die Gewissen. Auch da, wo er kräftige Ratschläge fürs Handeln gibt, fehlt jegliche Werkgerechtigkeit. Vielmehr betrachtet er staunend die großen Taten Gottes und lobt ihn dafür: „Dankbare Lieder sind Weihrauch und Widder" (EG 49,3). Danken statt Opfern. Das Danken ist die dem Menschen angemessene Weise, auf Gottes Geschenk zu reagieren (Römer 1,21). Gott begegnet uns im Kelch des Heils, und wir brauchen bloß „Danke" zu sagen. Mehr erwartet er nicht. Evangelisch leben heißt, dankbar leben. Danken macht ein fröhliches Herz und verändert den Menschen. Für die Danksagung findet Paul Gerhardt zahlreiche Strophen und Lieder. Der Dank durchzieht sein ganzes Schaffen. Er ist ihm trotz unsäglichen Leides das ganz Naheliegende und Natürliche. Gerhardts Lieder sind gesungene Antworten auf Gottes Gnade und Barmherzigkeit:

> Laßt uns danken Tag und Nacht
> mit gesunden Liedern
> unserm Gott, der uns bedacht
> mit gesunden Gliedern.
>
> EG 674,1

Im Wittenberger Lutherhaus kann man heute den „Bierkrug" des Reformators besichtigen. Er ist aus kräftigem Wurzelholz geschnitzt. Im 17. Jahrhundert hat ein Lutherverehrer dieses Gefäß erworben und einen Silberdeckel darauf befestigen lassen mit der Aufschrift: „Gottes Wort und Luthers Lehr vergehet nun- und nimmermehr." Das zeigt den Geist, der damals an der Universität geherrscht hat. Etwas Kämpferisches und Wehrhaftes: Gott und Luther in einem Atemzug! Man will aus derselben Wurzel trinken, ganz in der Spur des Reformators bleiben. Die Kraft der Entdeckung der Gnade wirkte damals prägend nach. Luther hatte gleichsam die Quelle des Evangeliums freigelegt und nun sahen sich seine Nachfolger in der Pflicht, dieses Wasser zu fassen und zu schützen. Man hat ein wissenschaftliches Haus rund um diese Quelle herum gebaut, sozusagen eine Brunnenstube. Die

Professoren haben ein aufwändiges Lehrgebäude errichtet, um den Strom des Evangeliums in jedes Problem und jede theologische Frage hineinzuleiten. Für jedes Glaubensthema gab es nun ein bestimmtes „Zimmer" und für jede Frage eine bestimmte „Schublade". Die Antworten waren mit Luthers Entdeckung eigentlich schon da, man brauchte nur noch die rechte Frage dazu. Das „Baumaterial" war schon da, es musste nur noch seinen richtigen Platz finden. Das Ziel der wissenschaftlichen Elite war, dass selbst der einfache Knecht auf dem Lande die Rechtfertigungsbotschaft verstehen und seinen Glauben „verantworten" kann. Wenn er gefragt wird: „Was ist dein Glaube?", sollte er sofort einen Griff in sein inneres Herzensregal tun können und sagen: „Ich glaube, dass ich nicht aus eigener Vernunft noch Kraft an Jesus Christus, meinen Herrn glauben oder zu ihm kommen kann, sondern der Heilige Geist hat mich durch das Evangelium berufen, mit seinen Gaben erleuchtet, im rechten Glauben geheiligt und erhalten!"

Man nennt die Epoche, in der Paul Gerhardt lebte, die „Zeit der lutherischen Orthodoxie". Orthodoxie heißt Rechtgläubigkeit. Den Menschen war damals wichtig, dass es mitten im Fluss der Zeiten, mitten in Krieg und Vergehen einen „rechten Glauben" gibt. Etwas Unverrückbares, mit dem ich zuversichtlich leben, in schweren Zeiten hoffen und am Ende gewisslich sterben kann. Umgeben von den Veränderungen des Lebens ein klar geordneter, „nimmermehr vergehender" Glaube, auf den man sich verlassen konnte! Dieses Lehrgebäude gab den Menschen Geborgenheit und Halt. Im „Haus an der Quelle" fanden sie Heimat und Hoffnung.

In seinem Neujahrsgesang besingt Paul Gerhardt die stetigen Veränderungen dieser Welt. Christsein ist nichts Statisches, sondern eine Pilgerschaft:

Wir gehn dahin und wandern
von einem Jahr zum andern,
wir leben und gedeihen
vom alten bis zum neuen.

EG 58,2

Er lässt Nöte anklingen, die uns Menschen umgeben können:

durch soviel Angst und Plagen
durch Zittern und durch Zagen,
durch Krieg und große Schrecken,
die alle Welt bedecken.

EG 58,3

Dennoch gibt es einen „Hüter des Lebens" (EG 58,6), eine stetig
fließende Kraftquelle, darum:

Gelobt sei deine Treue,
die alle Morgen neue;
Lob sei den starken Händen,
die alles Herzleid wenden.

EG 58,7

Dank auch unter Tränen, dass es mitten in allem Zerbrechen
etwas Bleibendes gibt, einen Ort des Trostes:

Laß ferner dich erbitten,
o Vater, und bleib mitten
in unserm Kreuz und Leiden
ein Brunnen unsrer Freuden.

EG 58,8

Auf große Zeiten folgen immer auch Gegenbewegungen. So
unerschütterlich dieses lutherische Glaubenshaus auch erschien,
nach und nach wurden die Risse sichtbar. Die Menschen haben
gefragt: „Reine Lehre, schön und gut, aber wo bleibt das christli-

che Leben? Kann es denn schon genügen, nur mannhaft und trotzig mit dem Munde seinen Glauben zu bekennen und danach folgt dann nicht mehr viel? Heißt Nachfolge nicht auch aktives, menschliches Tun: Bibellesen und Bibelleben. Hören und Tun des Gerechten? Sagt Jesus nicht: ‚Lasst euer Licht leuchten vor den Leuten, damit sie eure guten Werke sehen und euren Vater im Himmel preisen' (Matthäus 5,16)? Sagt Paulus nicht: ‚Lebt als Kinder des Lichtes' (Epheser 5,8)? Sagt Jakobus nicht: ‚Glaube ohne Werke ist tot' (Jakobus 2,17)?"

Die Kritik an einer vermeintlich „kalten und starren" Orthodoxie kam später vor allem von Seiten des neu entstandenen Pietismus. Er war die „Auflehnung des Herzens, des Gefühls und des Willens gegen die Herrschaft des Verstandes"(Paul Gabriel). Der aus dem Elsass stammende Theologe Philipp Jakob Spener (1637–1705) gilt als „Vater der Pietisten". Er war eine Generation jünger als Paul Gerhardt. Später sollte er an derselben Berliner Nicolaikirche tätig sein, an der dreißig Jahre zuvor Gerhardt gewirkt hatte. Ein aktiver, integrer Pfarrer, der in seinen Gemeinden Bibelkreise gründete, aber auch erste christliche Liebesdienste ins Werk setzte. Eine frühe Form evangelischer Diakonie: Hungrige wurden gespeist, Witwen und Waisen versorgt, Armen das Evangelium verkündigt. Spener wird zur prägenden Gestalt des lutherischen Pietismus. Schon 1675 formuliert er einige „fromme Wünsche" (pia desidera) an den Theologennachwuchs, die zur „gottgefälligen Besserung der wahren Evangelischen Kirche" führen sollten. Sein Programm stellt das „christliche Leben" in den Mittelpunkt. Der „Einzelne" wird für den Glauben entdeckt. Durch Bibellesen und persönliche Wiedergeburt soll es zur Veränderung der Person kommen. Jeder steht für sich selbst vor Gott. Jeder ist persönlich gefragt. Die Lebensführung des Christen ist herausgefordert. Ein Stück Individualisierung des Glaubens. Konservative Lutheraner haben Spener dafür angefeindet. Sie werfen ihm vor, dass er sich aus der Kirche herauslöse und den Glauben reduziere auf die Beziehung: „Jesus und ich!" Ist das nicht Seelenegoismus? Wird die Kirche dadurch nicht überflüssig? Trotz dieser Vorwürfe wirkt Spener bewusst hinein in die verfassten Gemeinden. Nach dem Dreißigjährigen Krieg lag der Glaube in Deutschland am Boden. Die Kirche war in einer moralischen Krise. Die lutherische Orthodoxie war zwar in Zeiten des Kampfes ein tragender, bergender Halt, aber sie hatte vielerorts nicht die innere Kraft, Deutschland aus der ethischen Krise der Nachkriegszeit herauszuführen. Damals waren die nach Speners „Pia desideria" genannten „Pietisten" die Fortschrittlichen. Ihnen hatte man später die Erneuerung der Kirche zu verdanken.

Fühlt Paul Gerhardt schon „pietistisch"? Wenn man seine Lieder mit den Lutherliedern vergleicht, fällt eine gewisse „Individualisierung des Glaubens" auf. Gerhardt spricht viel häufiger in der Ich-Form als die älteren reformatorischen Liederdichter. Er spiegelt den Glauben wider in persönlichen Lebenserfahrungen. Die großen Wundertaten Gottes werden in Beziehung gesetzt zu menschlichen Wahrnehmungen. Der Einzelne vor Gott spielt bei ihm eine wichtige Rolle. War er aber deswegen auch schon Pietist? Schielt er schon danach, dieses bergende Haus des lutherischen Glaubens zu verlassen und zu sagen: „Es kommt auf das Leben da draußen an. Außerhalb der ‚Amtskirche' finden wir das wahre Christentum! Wo die Seele mit Jesus allein ist, wächst Liebe für die Welt." Will er sich in seinen Liedern eine Art „mönchischer Einsiedlerklause" neben der Kirche bauen?

Tatsächlich sind Gerhardts Verse zunächst nicht in der Kirche, sondern vor allem bei häuslichen Familienandachten gesungen worden. Das war nichts Besonderes. Man ging damals ohne Gesangbuch zum Gottesdienst. Das Kirchenvolk kannte ungefähr fünfzig Choräle auswendig, die regelmäßig gesungen wurden.

Neue Lieder hatten es daher anfangs schwer, in den Kirchenliederschatz aufgenommen zu werden. Im Gotteshaus erklang das Bewährte und Vertraute. Ähnlich wie heute fanden die „neuen" Lieder erst mit der Zeit den Weg vom „privaten" zum „öffentlichen" Singen. Und doch bestand darin kein Gegensatz zum institutionell Gewachsenen: So wie die häuslichen Familienandachten keine Konkurrenz, sondern eine von Luther geforderte Fortsetzung des Sonntagsgottesdienstes sein sollten, so stellten auch die privaten Andachtslieder keine Alternative, sondern eine Ergänzung des kirchlichen Liederkanons dar.

Es stimmt auch, dass Paul Gerhardt mit seinen Liedern stärker als die Dichter hundert Jahre zuvor die Gefühle des einzelnen Menschen anspricht. Bei ihm werden Empfindungen geschildert. Der Einzelne wird aus der Masse heraus persönlich angesprochen. Aber auch das ist nicht „typisch pietistisch", sondern entsprach den Forderungen der damaligen Rhetorik und bewegte sich gänzlich im Rahmen der herrschenden Theologie: Gedichte und Lieder sollten die Menschen bewegen (movere), sollten ihr Herz ansprechen. Unter den Professoren, bei denen Paul Gerhardt studierte, gab es große Lyriker. Sie brachten ihm bei: „Das was theologisch mit dem Verstand erkannt worden ist, soll durch die Poesie ins Herz der Menschen getragen werden." Ist es nicht das Verdienst Paul Gerhardts, Luthers Lehre von der Rechtfertigung des Sünders tief in die Herzen der Menschen gesungen zu haben? Ist Martin Luther der gewaltige Prediger des Evangeliums, der von der Kanzel herab zum ganzen Volk spricht, so ist Paul Gerhardt der Seelsorger der Begnadeten. Er sagt dasselbe wie Luther, aber er sagt es dem Menschen ganz persönlich: bei der Arbeit, im Beichtgespräch oder am Sterbebett. Der Klang mag verschieden sein, aber inhaltlich ist es dasselbe: Martin Luther und Paul Gerhardt leben aus derselben Wurzel. „Was Christum treibt", ist Kern und Stern ihrer Verkündigung.

„Sage mir, was du liest, und ich sage dir, wer du bist!" Am Bücherschrank Paul Gerhardts lässt sich erkennen, dass ihn das lutherische Denken geprägt hat. Wir wissen durch den späteren Verkauf seiner Bibliothek, dass sich alle wesentlichen Lutherschriften in seinem Besitz befunden haben. Außerdem die versammelte Literatur der lutherischen Orthodoxie. Das war das feste Fundament, auf dem er stand: „Gottes Wort und Luthers Lehr!" Dann aber auch das Epoche machende Buch von Martin Opitz: „Von der deutschen Poeterey". Darin überträgt dieser die antiken Sprachregeln auf die deutsche Poesie. Wichtigste Neuerung: Verse werden nicht bloß gezählt, sondern gewogen. Die Betonung der Silbe muss mit dem Schwerpunkt des Sprechrhythmus zusammenfallen. Das macht Gedichte gefälliger. Sie kommen nicht mehr so ungelenk daher. Der Weg zum Herzen wird leichter und spielerischer. Auch manche theologischen Begriffe und Formulierungen verlieren in dieser Zeit ihre grobe, reformatorische Holzschnittartigkeit. Sie werden filigraner, empfindsamer, geschmeidiger. Dieses neue Feingefühl lernt Paul Gerhardt im Arndtschen „Paradiesgärtlein" kennen. Dort begegnet ihm ein Stück Mystik: Gott in uns. Ein lieblicher, zärtlicher Gott. Er hört hier Begriffe, die im späteren Pietismus entscheidend werden. Dennoch ist er fundamental davon zu unterscheiden: Gerhardt redet zwar von „Süßigkeit", aber er ist nicht süßlich. Er verwendet emotionale Begriffe, aber er geht nicht in den Emotionen auf. Er benutzt mystisch-pietistische Worte, aber er formuliert damit lutherische Sätze.

Das zeigt er eindrucksvoll in dem Lied „Ich steh an deiner Krippen hier" (EG 37). Kaum ein Weihnachtslied stellt uns so innig und nah zum Christuskind.

Ich komme bring und schenke dir,
was du mir hast gegeben.
EG 37,1

Ich lag in tiefster Todesnacht,
du warest meine Sonne.

EG 37,3

Ich sehe dich mit Freuden an
und kann mich nicht satt sehen.

EG 37,4

Ich und Du. Das klingt ganz pietistisch. Und dann der Wunsch
nach vollkommener Vereinigung:

So lass mich doch dein Kripplein sein;
komm, komm und lege bei mir ein
dich und all deine Freuden.

CS 6,14

Der Pietist Gerhard Tersteegen würde jetzt weiterdichten mit den
Worten: „Ich in dir, / du in mir, / laß mich ganz verschwinden, /
dich nur sehn und finden" (EG 165,5). Völlige Selbstauflösung
des Menschen in Gott. Ganz anders Paul Gerhardt. In seiner
letzten Strophe dieses Liedes (leider nicht in unserem Gesangbuch) korrigiert er nüchtern das Vorangegangene in dem Wissen
um den gewaltigen Unterschied zwischen Gott und Mensch:
„Du bist der Schöpfer aller Ding, ich bin nur Staub und Erde"
(CS 6,15).

Paul Gerhardt lernt in Wittenberg, was Gnade ist. Ihm wird
beigebracht, Menschen zu dieser Gnade zu führen. Er erfährt,
dass man die Leute abholen soll in ihrer alltäglichen Lebenswirklichkeit. Darum bahnt er ihnen in seinen Liedern einen persönlichen Weg zur Quelle. Dennoch wahrt er die Distanz. Er zwingt
nicht. In der extremen Form des schwärmerischen Pietismus
kann es manchmal eine geistliche Erotik geben, die jeden Rest
von Ehrfurcht tilgt: Jesus und ich, ganz eins, wie zwei pubertierende, unreife Jugendliche, die alle Hemmungen verlieren. Paul

*Röhrenwasserbrunnen
vor der Wittenberger Stadtpfarrkirche*

Gerhardt kennt durchaus die Lehre von der „geistlichen Hochzeit" mit Christus. Das ist ordentlicher Lehrgegenstand lutherischer Lehre: die unio mystica. Aber Gerhardt kennt auch das Maß. Er weiß darum, dass Christus der ganz Andere ist, das göttliche, vollkommene Gegenüber. Er weiß um den fundamentalen Unterschied zwischen Schöpfer und Geschöpf, zwischen Gott und dem Sünder. Er konzentriert sich nicht auf die Bekehrung des Einzelnen. Er sieht auf die großen Taten Gottes. Sein Blick richtet sich nicht auf den geistlich bewegten Menschen, sondern auf das Sprudeln der Gnadenquelle Gottes.

Eine Generation später hätte Paul Gerhardt vielleicht ganz anders gedichtet, aber zu seiner Zeit erfährt er noch ein orthodoxes Luthertum, das höchst lebendig und Kraft spendend wirkt. Er macht nicht seine kleine Privatkapelle auf, sondern stellt sich mit seinen Liedern bewusst ins gewachsene Haus des traditionellen Glaubens. Das „Ich" baut er hinein ins „Wir" der Kirche. Er sagt nichts anderes als Luther, aber er sagt es anders. Es gibt Zeiten im Leben Paul Gerhardts, in denen er „durch die Wüste" geht. Kraft und Hoffnung zum Weitergehen findet er am selben Ort wie Martin Luther. In der Tiefe des Evangeliums quillt das Wasser des Lebens. Und Gott „schenket voll ein"(Psalm 23).

Fließende „Brunnen" prägen das Wittenberger Stadtbild bis zum heutigen Tage. Lucas Cranach d. Ä. (1472–1553) der Maler, war auch Bürgermeister dieser Stadt. Auf seine Initiative hin bekam Wittenberg ein für damalige Zeiten erstklassiges „Röhrenwasserbrunnensystem". Aus einem Quelltopf, der 2,7 Kilometer vor den Toren der Stadt liegt, wurden Holzröhren in die Stadt hineingeführt. Ein geniales unterirdisches Fließsystem verteilte das Wasser über die ganze Stadt. An vielen Stellen finden wir bis heute die schön gestalteten Brunnen, aus denen das Quellwasser zu Tage tritt. Die Menschen durften und dürfen sich umsonst daran bedienen. „Schmecket und sehet wie freundlich der Herr ist." Sowohl vor Paul Gerhardts Studentenbude wie auch unmittelbar im Lutherhof plätschert ein solcher Brunnen. Was für ein aussagekräftiges Bild: Martin Luther und Paul Gerhardt trinken beide vom selben Wasser. Unterirdisch miteinander verbunden schöpfen sie aus derselben Quelle der Gnade.

Hauslehrer in Berlin
(1643–1651)

Aus dem Schatten heraus

Im September 1643 finden wir Paul Gerhardt in Berlin. Er wohnt und arbeitet im Haus des Kammergerichtsadvokaten Andreas Berthold in der Spandauer Straße unweit der Nikolaikirche. Als „Informator" soll er die Kinder dieses angesehenen Berliner Juristen unterrichten: eine Fortsetzung der bereits in Wittenberg „nebenher" praktizierten Hauslehrertätigkeit.

Gerhardt ist 36 Jahre alt und hat sein ursprüngliches Berufsziel immer noch nicht erreicht. Immer noch unterzeichnet er seine Briefe mit dem Titel „Studiosus Theologiae". Immer noch liegt das Pfarramt in weiter Ferne. Und man fragt sich: Ist er ein Zauderer? Schrecken ihn die Aufregungen einer Bewerbung? Fürchtet er die Öffentlichkeit? Traut er sich das geistliche Amt nicht zu, weil er – wie er später formuliert – „große Angst" hat vor der harten „Arbeit eines Predigers, der sein Amt treulich meint"? Bewegen ihn Skrupel vor dem „schweren Seelsorgeramt"? Warum dieser lange Umweg als Lehrer?

Martin Luthers Wertschätzung des Lehrerberufs war ihm sicher bekannt. Dieser sah im Pfarrdienst vor allem eine „pädagogische" Tätigkeit, durch die ein bestimmter Inhalt an die Hörer weitergegeben wird. Was immer auch gelehrt wird – eine mathematische Formel, ein musikalisches Gesetz oder das biblische Evangelium – zunächst geht es dabei immer um ein rein logisches Verstehen. „Glauben" kann man nicht „machen" – das ist stets ein „überwältigt Werden des Herzens durch Gott". Aber das „Wissen über den Glauben" ist zu vermitteln. Für diese Aufgabe braucht der Pfarrer das methodische Geschick eines Lehrers. Luther empfiehlt deswegen: „Man soll junge Gesellen zum Predigtamt nicht verordnen, sie haben sich denn in der Schule wohl versucht und geübt." Das Lehrerdasein als Probelauf fürs Pfarramt!

Dann spielten auch die politischen Entwicklungen eine Rolle: Nach dem Dreißigjährigen Krieg gab es viele ausgebildete Pfarrer aber nur wenige besetzungsfähige Pfarrstellen. Das Land lag weithin menschenleer da. Viele Dörfer waren „abgegangen" und aufgelöst, Kirchen und Pfarrhäuser zerstört, die Gemeinden nicht in der Lage, einen Pfarrer zu „unterhalten". Für junge Theologen war es schwer, eine geeignete Stelle zu finden. Viele von ihnen mussten – ähnlich wie Paul Gerhardt – eine längere Warteschleife drehen.

So bleibt Gerhardt acht Jahre lang als Hauslehrer in Berlin. Er hat genug Zeit, seine Umgebung zu betrachten und eigene Lebenserfahrungen in seinen Strophen zu verdichten. Im Hause Berthold entstehen viele seiner schönsten Lieder. Von hier aus beobachtet er die Entwicklung der daniederliegenden Stadt. Es sind Wendejahre. Er erlebt das Ende des Dreißigjährigen Krieges. Als 1648 der Westfälische Frieden ausgerufen wird, läuten mächtig die Glocken aller Berliner Kirchen – vielleicht vergleichbar mit der Stimmung beim Fall der Mauer am Ende der DDR-Zeit. Über zerstörten Häusern und verwüsteten Feldern wird eine neue Zeit heraufbeschworen. Die „Welt in ihren tausend Plagen und großen Jammerlast" (EG 11,5) sehnt sich nach einem „grünenden Herzen" und einem „ermunternden Sinn" (EG 11,2). Die Vorratskeller sind leer, die Familien ausgezehrt durch Krieg, Krankheit und Hunger. Die Nacht liegt schwer über dem Land, doch nun brennt mitten in der Finsternis die „Fackel" der Hoffnung. Kommt bald eine neue „Sonne", ein neuer Tag? Wie aus dunklem Schatten heraus schauen die Menschen in ein aufgehendes Licht.

In diesen Jahren dichtet Paul Gerhardt sein berühmtes Adventslied „Wie soll ich dich empfangen", in dem es heißt:

> Das schreib dir in dein Herze,
> du hochbetrübtes Heer,
> bei denen Gram und Schmerze
> sich häuft je mehr und mehr;
> seid unverzagt, ihr habet
> die Hilfe vor der Tür;
> der eure Herzen labet
> und tröstet, steht allhier.
>
> EG 11,6

Doch nicht die vermeintlich besser werdende politische Situation ist Grund seiner Hoffnung, sondern der rettende Gott, der seine Kinder nicht einsam im Dunkeln zurücklässt:

> Was hast du unterlassen
> zu meinem Trost und Freud,
> als Leib und Seele saßen
> in ihrem größten Leid?
> Als mir das Reich genommen,
> da Fried und Freude lacht,
> da bist du, mein Heil, kommen
> und hast mich froh gemacht.
>
> EG 11,3

Berlin wird für Paul Gerhardt zu einem Ort des Hoffens. Heutzutage ist der Weg von Wittenberg nach Berlin eine Reise zwischen zwei Welten. Aus der geschichtsträchtigen Lutherstadt gelangt man in eine moderne Metropole mit internationalem Flair, aus dem Überschaubaren ins Unübersichtliche. Die Spandauer Straße ist heute ein breiter Prachtboulevard, an dem das berühmte Rote Rathaus steht, und über allem schwebt der Berliner Fernsehturm am Alexanderplatz, das höchste Bauwerk Deutschlands. Auf Befehl Walter Ulbrichts wurde es errichtet. Es sollte als säkulares Symbol kommunistischer Herrschaft alle Kirchtürme weit überragen und der ganzen Welt verkünden: „Die Zeit des Christentums ist vorbei! Der Sozialismus siegt!" Wie schnell können sich Wirklichkeiten ändern.

Den „aufrührerischen" Theologen Thomas Münzer, der mit Gewalt die Fürsten beseitigen wollte, hat die DDR-Führung posthum hoch geehrt, ihm sogar eine Gedenkmünze gewidmet. Dagegen wurde dem zeitlebens auf ostdeutschem Gebiet lebenden „Vertröster" Paul Gerhardt nicht viel politische Beachtung zuteil: zu brav, zu wenig Aktion, zu viel Ergebung ins eigene Schicksal. Für Kommunisten gibt es da kaum Anknüpfungspunkte. Dem Weltverbesserer bleiben seine Lieder fremd. Paul Gerhardt ist eher ein Dulder denn ein Kämpfer. Ihn prägt nicht die laute Tatkraft des Revolutionärs, sondern die stille Tragkraft des Glaubenden. Dem Eiferer ruft er zu:

Gib dich zufrieden und sei stille
in dem Gotte deines Lebens!
In ihm ruht aller Freuden Fülle,
ohn ihn mühst du dich vergebens!
EG 371,1

Aus der heutigen Sicht des modernen Berlins könnte der Eindruck entstehen, Paul Gerhardts Weg hierher sei ein Weg gewesen vom flachen Land mitten hinein ins Herz einer Großstadt, aus dem schattigen Landstädtchen in die lichte Metropole. So scheint es. Doch so gewaltig war der Unterschied zwischen den zwei Städten damals nicht. Beide haben zu jener Zeit vergleichbar hohe Einwohnerzahlen. Wittenberg hat einen hervorragenden wissenschaftlichen Ruf. Berlin liegt zu Beginn der vierziger Jahre noch im Windschatten der Geschichte. Der schlechte sandige Boden macht die Gegend nicht besonders attraktiv. Der neue Kurfürst Friedrich Wilhelm (1620–1688), der später „Großer Kurfürst" genannt wird, will dies ändern. Er möchte sein Land aus der Not führen und legt die politischen Grundlagen für die Entwicklung hin zu einer „Großstadt Berlin". Paul Gerhardt wird Zeuge dieser neuen Zeit des Aufbruchs.

Als Paul Gerhardt hierherkommt, ist Friedrich Wilhelm bereits drei Jahre an der Macht. Kein anderer Herrscher aus dem Hause Hohenzollern hat so lange regiert wie er: 48 Jahre lang. Der „Große Kurfürst" war zwar nur von mittlerer Körpergröße, aber dennoch eine imponierende Erscheinung von natürlicher Einfachheit und ausgeprägt praktischem Sinn. Nachdem er zuvor in Holland studiert hatte, musste er im Alter von zwanzig Jahren die Nachfolge seines Vaters antreten. Bei den Niederländern hatte er ein erfolgreiches Staatswesen kennengelernt und seine reformierten Überzeugungen vertieft. Er war bekennender Calvinist und brachte von den flämisch sprechenden Glaubensbrüdern neue Ideen mit, die das Land reformieren sollten. Sein Kurfürstentum Brandenburg hatte zum Ende des großen Krieges viele Probleme: Die Landschaft war verwüstet, das Volk völlig verarmt. Fremde Truppen hielten weite Teile des Herrschaftsgebietes besetzt und verlangten hohe Lösegelder. Die Machtfrage war ungeklärt, und so plante Friedrich Wilhelm ein zentralisiertes Staatswesen mit dem Ziel, die weit voneinander isoliert liegenden rheinischen, brandenburgischen und preußischen Besitzungen zusammenzuhalten und die Macht der Stände zu brechen. Er wollte einen absolutistischen, effizienten Staat nach westlichem Vorbild mit einer starken, monarchischen Struktur und einem stehenden

Heer. Seine Devise war: bedingungsloser Gehorsam im Politischen, aber Toleranz in Fragen des Glaubens! Ein Charakterzug des hohenzollerschen Preußentums, der über Jahrhunderte hinweg prägend bleiben sollte.

Berlin wurde die Hauptstadt dieses neu zusammengebundenen Staates, sozusagen das „preußische Paris". Das war mit repräsentativen Pflichten verbunden. Die neue Residenz sollte herrschaftlichen Glanz erhalten. Es musste gebaut, renoviert und verschönert werden. Friedrich Wilhelm holte sich zu diesem Zweck „Ausländer", die nicht nur kompetent, sondern auch calvinistisch waren. Holländische Künstler und Handwerker kamen nach Berlin, um die Residenz weltläufig zu machen. Diese bauten das verfallene Schloss auf, legten Lustgärten nach holländischem Muster an, tranken Milchschokolade und hatten ihre eigenen Möbel im „welschen" Ambiente. Und sie bekamen sofort ihre eigenen reformierten Kirchen und Gottesdienste und manch andere Rechte. Keine benachteiligte Minderheit, ganz im Gegenteil!

Paul Gerhardts Umzug nach Berlin war auch der Weg in eine aufbrechende, sich verändernde Gesellschaft, in ein neues soziales Klima. Bislang war er ausschließlich von Lutheranern umgeben. Jetzt gibt es plötzlich einige, die anders als er glauben und denken, aussehen und reden. Sind die Menschen damals schon so weit, das Fremde aushalten zu können? Wird die liberale Politik des Landesfürsten nicht zu Spannungen führen? Gibt es nicht Neidgefühle und Verletzungen, wenn das „Welsche" ganz offensichtlich von oben begünstigt wird? Friedrich Wilhelm hat sich bei den Verhandlungen zum Westfälischen Frieden wie kein zweiter Landesfürst politisch eingesetzt für die Rechte der Reformierten. Was denkt die lutherische Mehrheit seines Landes darüber? Was fühlt der große Bruder, wenn die kleine Schwester immer bevorzugt wird und auf dem Schoß des Papas sitzen darf? Liegen hier nicht Wurzeln für den tragischen Konflikt, der sich einige Jahre später zwischen dem „Großen Kurfürsten" und dem „Großen Liederdichter" ereignen sollte?

Im Hause des Berliner Anwaltes Berthold erklingt 1643 das erste veröffentlichte deutsche Gedicht Paul Gerhardts (CS 44): kein Kirchenlied, sondern eine „Hochzeitsode". Sabine Berthold, eine erwachsene Tochter des Hausherrn, hatte den ehrbaren Magister Joachim Fromm geehelicht. Nach der Trauung erschienen die Gratulanten. In gereimter Form überbrachten sie ihre Glückwünsche. Kein Tag für schlichte Prosa, hier ist Poesie am Platz. Ein glückliches Ereignis im kriegsmüden Berlin, eine „Hoch"-Zeit inmitten karger Tage, ein Zeichen des Aufbruchs aus dem Schatten ins Licht: überschäumende Freude, die hymnisch und rhythmisch erklingt. Und so erheben sich über der Hochzeitstafel feierliche Worte. Eine Wolke von Gedichten steigt auf wie Weihrauch zum Himmel. Paul Gerhardt reiht sich bescheiden ein in die Schar der Gratulanten und ragt doch weit über alle hinaus. In der „Hochzeitszeitung" sind die Gedichte des Tages festgehalten. Ein Biograph, der sie miteinander verglichen hat, bezeichnet Gerhardts Ode als eine „frisch gepflückte Rose, die zwischen Papierblumen duftet". Hohe Qualität von Anfang an.

In kräftigen Bildern schildert Gerhardt dem jungen Brautpaar das „schöne Leben", wenn „eins dem andern ist beschert", wenn „eheliche Flammen" das Antlitz erleuchten und im „wohlbestallten Garten" die Früchte der Liebe wachsen. An erster Stelle der Blick zu Gott:

> Im Himmel wird der Schluß gemacht,
> auf Erden wird das Werk vollbracht.
>
> CS 44,3

Die Eheschließung entspringt nicht eigenem Willen, sondern Gottes Führung. So können Verheiratete auch schwere Zeiten überstehen:

Es geht ein Englein vornen an,
und wo es geht, bestreuts die Bahn
mit Rosen und Violen.

CS 44,17

Gerhardt schwelgt nicht im „Siebten-Himmel-der-Liebe". Nüchtern redet er von den „rauen Lüftlein", die gelegentlich wehen. Er vergleicht das eheliche Glück mit einer verletzlichen Blume:

Ein Röslein, wenn's im Lenzen lacht
und in den Farben pranget,
wird oft vom Regen matt gemacht,
dass es sein Köpflein hanget,
doch wenn die Sonne leucht herfür,
siehts wieder auf und bleibt die Zier
und Fürstin aller Blumen.

CS 44,10

Gewittrige Zeiten können in einer Ehe kommen, doch:

Ein Wölklein geht ja bald vorbei,
es währt ein Stündlein oder zwei,
so kommt die Sonne wieder.

CS 44,8

Bodenständig sind Gerhardts Ratschläge, mit dem Blick zum Himmel gewandt. „Wer Gott liebt, bleibet Gottes Kind." Das ist der Schlüssel zu einer gelingenden Partnerschaft. Am Schluss dann – wie bei den Kirchenliedern – der Ausblick auf das Ziel der gemeinsamen Lebensreise: die Ewigkeit Gottes. Dort möge das Ehepaar Fromm den „Frommen Lohn" erlangen, „der euch bereit, Euch, die ihr tragt die Frömmigkeit im Herzen und im Namen" (CS 44, 18). Typisch Paul Gerhardt: Er holt Menschen in ihrer Lebenswirklichkeit ab, er ruft sie wortwörtlich beim Namen und führt sie ungezwungen zu Gott.

Das Hochzeitsgedicht zeigt in Sprache und Form einen „fertig entwickelten" Meister. Er muss nicht erst noch üben, um zur Spitze zu gelangen. Von Anfang an ist er so da, wie man ihn in seinen bekanntesten Liedern kennt. Durch die Worte erklingt der typische Gerhardtsche Ton kindlich-nüchternen Gottvertrauens. Der Brunnen seines dichterischen Schaffens schenkt vom ersten Tropfen an gleichbleibend gutes, klares Quellwasser. Er schöpft aus der Gnade des himmlischen Vaters. Vom Urgrund der göttlichen Liebe aus stillt er den Durst menschlicher Herzen.

Diese Kunst bleibt anderen nicht verborgen, auch wenn Gerhardt als Hauslehrer ein eher zurückgezogenes Berufsleben führt. Er stellt sich selbst nicht in den Vordergrund. Während andere Dichter geradezu in die Öffentlichkeit drängen, wirkt er seltsam zurückhaltend. Viele streben nach dem „Lorbeerkranz des Poeten". Ihm geht es um die Verkündigung des Evangeliums. Viele stellen an den Anfang ihrer Bücher lange Anthologien, in denen sie lückenlos dem Leser ihre Werke wie eine „Trophäensammlung" aufzählen. Dann folgt ein wichtigtuerischer Abriss wissenschaftlicher Erfolge und Auszeichnungen. Das alles fehlt bei Paul Gerhardt. Er ist eigentümlich bescheiden. Vielleicht auch an dieser Stelle ein Zauderer? Er braucht andere Menschen, die seine Begabung erkennen und ihn aus der Reserve locken. Geradezu schicksalhaft ist deshalb die Begegnung mit Johann Crüger (1598–1662), dem Kantor der benachbarten Nicolaikirche. Er wird zum „Entdecker" Paul Gerhardts. Er „bestellt" bei Gerhardt weitere Texte und schreibt dazu die musikalischen Weisen. Man spricht zu Recht von einer „Sternstunde des Kirchenliedes". Ob wir ohne die Melodien Johann Crügers heute die Texte Paul Gerhardts besäßen, bleibt fraglich.

Die beiden verbindet allein schon das ähnliche Elternhaus: Der Vater des Kantors ist, wie der Name schon sagt, von Beruf „Crüger". Das ist die Bezeichnung für einen „Gastwirt". Im

*Erinnerungstafeln für
Johann Crüger und Paul Gerhardt an der Nicolaikirche*

„Dorfkrug" von Großbreesen in der Niederlausitz wächst der begabte Junge auf. Die Mutter ist Pfarrerstochter. Dieselbe familiäre Konstellation also wie bei Paul Gerhardt. Beide werden groß im Nebeneinander von leiblicher und geistlicher Nahrungsaufnahme. Beide studieren Theologie in Wittenberg. Beide müssen in ihrem Leben durch persönliche Tiefen gehen. Und beide besitzen ein ausgesprochen feines Gespür für Musik und Sprache. Sie wohnen in Berlin nur einen Steinwurf voneinander entfernt, der Dichter und der Sänger, der Wortschöpfer und sein Tongeber. Die räumliche und geistige Nähe fördert das gemeinsame Schaffen. Aus der Arbeitsgemeinschaft wird eine echte Freundschaft.

Johann Crüger ist ein weit gereister moderner Musiker, als er 1622 die Kantorenstelle in Berlin übernimmt. Eine doppelte Aufgabe wird ihm übertragen: Kantor an St. Nicolai und Musiklehrer am Gymnasium des Grauen Klosters. Kirche und

Schule sind durch seine Person eng miteinander verbunden. Mit der jugendlichen Kraft eines 24-Jährigen veröffentlicht er anfangs mehrere Kompositionen. Dann folgt eine zehnjährige Schaffenskrise: Der Tod war mächtig in sein Leben getreten. Kurz hintereinander starben Mutter, Ehefrau und alle seine fünf Kinder. Ihn selbst überfiel eine lebensgefährliche Krankheit. Es kommen Jahre der Schwermut. Die Saiten seiner Seele schweigen still. Das Singen war in der Kälte des Jammers erfroren. Erst eine zweite Heirat holt ihn zurück ins Leben. Als er mit der Wirtstochter Elisabeth Schmidt vor den Traualtar tritt, ist sie nur halb so alt wie er selbst. Fröhlich und unbefangen öffnet die 17-Jährige dem Kantor wieder das Herz zum Gesang. Ihre sonnige Natur spornt ihn an. Er beginnt etwas Neues: das Sammeln alter Choraltexte und das Komponieren dazugehöriger Melodien. Als er 1641 das erste lutherische Gesangbuch für Berlin veröffentlicht, ist er zurück auf der Höhe seiner Kraft.

Der Erfolg beflügelt ihn. 1647 bringt er die deutsche Liedsammlung „Praxis Pietatis Melica" heraus. Mit seinen 44 Auflagen wird es zum wichtigsten Gesangbuch des 17. Jahrhunderts. Tausende von Exemplaren werden verkauft. Ein absoluter Kassenschlager! Der Grund für die Erfolgsstory liegt in dem kongenialen Zusammenwirken von Gerhardt und Crüger. Da haben zwei Seelenverwandte zueinandergefunden. Sie verstehen und erklären sich gegenseitig. Bereits in der ersten Veröffentlichung finden sich fünfzehn Lieder Paul Gerhardts. Von Ausgabe zu Ausgabe steigert sich der prozentuale Anteil seiner Texte. Es sind Choräle, die zu Kernliedern der deutschen Christenheit geworden sind. Sie haben etwas Unbestrittenes: „Wie soll ich dich empfangen" (EG 11), „Nun danket all und bringet Ehr" (EG 322), „Auf, auf mein Herz mit Freuden" (EG 112) „Lobe den Herren, alle die ihn ehren" (EG 447). Ein volksliedartiger Klang in Ton und Text. Eingängig die Weise, einprägsam die Worte. In beidem fließt und erzählt es. Crüger komponiert im neuen „Generalbassstil". Die Begleitung wird dabei dem Text untergeordnet. Durch die solistische Tonführung werden die Aussagen deutlicher verstehbar. Der Affekt des Wortes spiegelt sich im Verlauf der Melodie wieder. Die Musik interpretiert das Gesagte. Text und Ton sind nahe beieinander, wie die Wohnplätze der beiden Freunde. Gerhardt und Crüger gehören zusammen wie Form und Inhalt, wie Harfe und Psalm, wie Asaph und David. Binnen weniger Jahre werden diese Lieder nicht nur in Berlin, sondern in ganz Deutschland gesungen. Crüger holt Gerhardt aus dem Schatten der Spandauer Straße heraus ins Licht der Öffentlichkeit. Er singt dessen Worte weit hinein in die Herzen der Menschen.

Wo liegt der Schlüssel zu diesem Erfolg? Warum gab es zu jener Zeit kaum ein Haus in Berlin, in dem Gerhardts Lieder nicht gerne gesungen wurden? Hat das Bedürfnis nach diesen Chorälen etwas zu tun mit der kollektiven Erfahrung gescheiterten Lebens? Mit den ausgetrockneten Seelen, die gierig nach diesen Gedichten lechzten wie ein „Hirsch nach frischem Wasser"?

Die Lieder Paul Gerhardts trafen auf Menschen, die vom Dreißigjährigen Krieg schwer geschlagen waren. Kaum eine Familie ohne Wunden an Leib und Leben, ohne Verluste an Eigentum und Ehre. Mit „religiösen" Begründungen war der Krieg begonnen worden: Ein militärisches Ringen um die Wahrheit des Glaubens sollte es sein. Bald zeigte sich dessen eigentliche Motivation: Es ging um die Macht der Fürsten. Die Regie im Kampf führte nicht der Glaube, sondern die Habgier der Regenten. Das konfessionelle Fähnlein konnte gegebenenfalls schnell in andere Winde gehalten werden. Es kam durchaus vor, dass die Fürsten die Seiten wechselten, wenn es zu ihrem politischen Vorteil war. Es geschah mehrfach, dass „katholische" Soldaten bei den „Evangelischen" kämpften und umgekehrt. Nur die finanziellen Bedingungen mussten stimmen: „Erst kommt das Fressen und dann die Moral!" (Bertolt Brecht).

Gefürchtet waren die Streifscharen der Söldner. Nach dem Wallensteinschen Grundsatz „Der Krieg ernährt den Krieg" hinterließen marodierende Soldaten eine Blutspur des Schreckens in Deutschland. Die Versorgung der Soldaten mit Lebensmitteln geschah nicht durch organisierten Nachschub aus dem Hinterland. Vielmehr wurde den Söldnern freie Hand gelassen. Sie durften bedenkenlos die Umgebung „abgrasen". Die Bauern wurden „ausgepresst wie Zitronen". Ihnen wurden die Tiere genommen, die letzten Nahrungsvorräte gestohlen, die Frauen vergewaltigt. Wer sich dagegen wehrte, wurde umgebracht. Das Morden war das Normale, der Tod das Alltägliche. Alle Hemmungen waren gewichen, das Gewissen vom Blutrausch betäubt. Die spätere Geschichtsschreibung sieht in der Maßlosigkeit dieses Krieges geradezu ein Urbild für die im Menschen verborgene zerstörerische Kraft. In dem Stück „Mutter Courage und ihre Kinder" zeigt Bertholt Brecht, zu welcher Verrohung der Mensch damals und zu allen Zeiten fähig ist.

In dem „Danklied für die Verkündigung des Friedens" (CS 98) schildert Paul Gerhardt die dramatische Situation. Nicht genug kann er danken und loben, dass nun das „edle Fried- und Freudenwort erschollen" ist, dass „nunmehr ruhen sollen die Spieß und Schwerter und ihr Mord" (CS 98,1). Er beschreibt den „Tränenbach", der dem Menschen aus „beiden Augen" rinnt, wenn er all die Not ansieht: die „zerstörten Schlösser und Städte voller Schutt und Stein", die „vormals schönen Felder mit frischer Saat bestreut, jetzt aber lauter Wälder und dürre wüste Heid", die „Gräber voller Leichen und blutgem Heldenschweiß der Helden, derengleichen auf Erden man nicht weiß" (CS 98,4). Namenloses Elend.

Wie können Menschen leben im Angesicht ständiger Bedrohung durch Tod und Vergänglichkeit? Was ist ihre Antwort auf Leid und Not? Stürzen sie sich in hemmungslose Weltsucht oder begehen sie Weltflucht?

In derart bedrängenden Situationen gibt es immer beides: Da findet man trotzige Genießer, die nach der Devise leben: „Lasset uns essen und trinken, denn morgen sind wir tot!" (Jesaja 22,13). Einer gespannten Feder gleich, die von der Not niedergedrückt wird, ist ihr Trieb jetzt umso stärker. Barocke Lebenslust inmitten des Verderbens. Ein gieriges Rasen durch den Vergnügungspark „Erde", der sozusagen nur noch einen Tag geöffnet hat. Es bleibt wenig Zeit. Darum: Genieße schnell und viel, „denn morgen sind wir tot!" Die Lebensart der Weltsüchtigen.

Paul Gerhardt scheint auf den ersten Blick zu den anderen zu gehören, den Weltflüchtigen. Er verliert sich nicht im Sichtbaren, sondern bekennt: „So will ich zwar nun treiben / mein Leben durch die Welt, / doch denk ich nicht zu bleiben / in diesem fremden Zelt. / Ich wandre meine Straße, / die zu der Heimat führt, / da mich ohn alle Maße / mein Vater trösten wird." Es sind vor allem „Kreuz- und Trostlieder", in denen er seine Stärke entfaltet. Seine Gedichte haben ihren Zielpunkt im Himmel. Der Heimathafen seines Lebensschiffes liegt jenseits des Horizontes. Das Entscheidende kommt dort, wo die natürlichen Augen nicht hinsehen. Er begreift die Welt als etwas Scheinhaftes und Vorübergehendes: „Die Herberg ist zu böse, die Trübsal ist zu groß." Das wahre Sein liegt vor uns. Der „schnelle Spaß" vergeht, die „ewigen Freuden" kommen und bleiben. Gerhardts „Lebensplanung" sieht im Sterben kein nichtiges Ende, sondern die wichtige Wende. Sein Reimwort auf „Not" ist nicht ein dunkler „Tod", sondern der leuchtende „Gott". Im Anschauen Gottes findet er Hoffnung. Dorthin singt seine Sehnsucht:

Kreuz und Elende,
das nimmt ein Ende;
nach Meeresbrausen
und Windessausen
leuchtet der Sonnen
gewünschtes Gesicht.
Freude die Fülle
und selige Stille
wird mich erwarten
im himmlischen Garten;
dahin sind meine Gedanken gericht'.

EG 449,12

Auf dem Weg zu diesem Ziel gibt es Stürme und Krisen, aber wir sind nicht allein. Jesus Christus ist bei uns in allen Nöten. Er ist die Person gewordene Antwort auf alles Leiden: „Nun, was du, Herr, erduldet, / ist alles meine Last!" (EG 85,4). Im Kreuz Jesu Christi entdeckt Gerhardt sein eigenes Kreuz: „Es dient zu meinen Freuden / und tut mir herzlich wohl, / wenn ich in deinem Leiden, / mein Heil, mich finden soll" (EG 85,7). Menschliche Not ist für ihn kein Ausdruck der Gottesferne, nicht Beleg dessen, dass Gott versagt hat oder nicht mächtig genug ist. Das Leiden ist für ihn vielmehr ein Zeichen der Christusgegenwart, eine Erinnerung daran, dass man auf dem richtigen Weg ist. „Mühe und Schweiß" einer Bergbesteigung erinnern den Wanderer nicht nur an seine begrenzte Kraft, sondern auch daran, dass es „nach oben" geht und dass er vorwärts schreitet in der Spur Jesu Christi: „Wo mein Haupt durch ist gangen, / da nimmt er mich auch mit" (EG 112,6). Er lebt in dem Glauben des Apostels Paulus, der darum bittet, Christus im „Leiden und Tod gleichgestaltet" zu werden, damit er auch „gelange zur Auferstehung von den Toten" (Philipper 3,10.11). Durch Sterben zum Leben, durch Nacht ins Licht, durch Klage zum Tanz. Gerhardt nimmt den Verwandlungsgedanken auf im schwungvollen Dreivierteltakt seines Osterlieds „Auf, auf mein Herz mit Freuden" (EG 112). In der letzten Strophe blickt er vom Ziel her zurück:

> Er bringt mich an die Pforten,
> die in den Himmel führt,
> daran mit güldnen Worten
> der Reim gelesen wird:
> „Wer dort wird mit verhöhnt,
> wird hier auch mit gekrönt;
> wer dort mit sterben geht,
> wird hier auch mit erhöht!"
>
> EG 112,8

Die Welt ist für ihn kein Vergnügungspark, sondern eine Straße zum Himmel. Pein und Plage sieht er nicht als ein „Versehen" an, sondern als „Vorsehung Gottes". Sie sind eine unbegreifliche „Zuchtrute Gottes", die uns antreibt, weiterzugehen und das Ziel nicht aus den Augen zu verlieren. Den „lieben Alten" in Bibel und Kirchengeschichte ging es genauso: Wo wir das Kreuz erleben, sind wir auf „ihrem Pfad". Johann Heermanns Liedvers war zum Sprichwort geworden: „Je mehr man auf den Palmbaum legt, je mehr er aufzugehen pflegt." Je stärker das Kreuz wird, desto näher ist der Gekreuzigte. Wer auf dem Schmerzensweg geht, ist auf der „Via Dolorosa". Diese Spur führt zur Herrlichkeit, denn jedes Leiden währt nur bis zum dritten Tag:

> Er reißet durch den Tod,
> durch Welt, durch Sünd, durch Not,
> er reißet durch die Höll,
> ich bin stets sein Gesell!
>
> EG 112, 6

Auf das unsägliche Leiden seiner Zeit antwortet Paul Gerhardt nicht mit einer Art „Theologie nach Auschwitz", die beides nicht zusammenzudenken vermag: menschliches Leid und göttliche Allmacht. Gerhardt lässt diese beiden widersprüchlichen Wirklichkeiten nicht auseinanderfallen. Er hält trotz schrecklichem Massensterben daran fest:

> „Gott ist das Größte,
> das Schönste und Beste,
> Gott ist das Süßte
> und Allergewißte,
> aus allen Schätzen der edelste Hort!"

EG 449,10

Die Katastrophen lassen ihn beileibe nicht kalt. Man spürt seine Schmerzen: er fragt, er klagt an, er kämpft mit Gott. Ähnlich den Psalmbetern kann man Resignation erkennen. Man spürt seine Tränen, und doch hält er daran fest: Auch in der finstersten Nacht gibt es keine andere Adresse als die des lebendigen Gottes: „Die Hand, die mich schlägt ist die Hand, die mich trägt." Gerhardt rüttelt nicht an der Allmacht Gottes. Der Satan ist für ihn keine Macht, die mit Gott vergleichbar wäre. Dieser gehört zusammen mit Sünde, Tod und Hölle zur besiegten „Quadriga der Nacht". Der Teufel ist im Verbund mit seiner ganzen „nichtsnutzigen Mischpoke" auf Golgatha ein- für allemal erledigt worden! Wenn die strahlende Sonne am ewigen Ostermorgen aufgehen wird, wird die Bedeutungslosigkeit der dunklen Macht aller Welt offenbar werden: „Er bleibt ein totes Bild, / und wär er noch so wild" (EG 112,4). Am Kreuz ist der Kampf entschieden. Alle Angriffe, die der Satan noch führt, sind lediglich Rückzugsgefechte. Christus ruft „Viktoria, schwingt fröhlich hier und da / sein Fähnlein als ein Held, / der Feld und Mut behält" (EG 112,2).

Dennoch bleiben Fragen. Da begegnet ihm eine unbegreifliche Seite Gottes, ein verborgener, schweigender Souverän. Eine vernichtende Heiligkeit, die Unvollkommenes zu zerstören scheint, wie Feuer das Papier. Gerhardt erschrickt darüber. Das Fragezeichen löst er nicht auf. Aber wie ein Kind, das seinen Vater in dessen strengem Handeln zwar nicht versteht und trotzdem in seine Arme gelaufen kommt, so vertraut auch Paul Gerhardt darauf, dass es der himmlische Vater unter allen Umständen gut mit ihm meint. Er glaubt daran, dass denen, die „Gott lieben" – trotz der Kreuzwege – „alle Dinge zum Besten dienen" (Römer 8,28). Wie Luther flieht Paul Gerhardt in seinen Liedern immer wieder vor Gott zu Gott, vom verborgenen zum offenbaren Gott, von Jesajas Zittern: „Weh mir ich vergehe" (Jesaja 6,5) zur Gewissheit des Johannes: „Gott ist die Liebe" (1. Johannes 4,8).

Dieses „Zu-Gott-Fliehen" geschieht in der Form des Gebets. „Seine Wege dem Herrn betend anbefehlen." Diesen Ratschlag hat er bereits als Jugendlicher bekommen. Schon in der Schule wurde ihm beigebracht: „Wenn Gott allmächtig ist, dann gibt es eine himmlische Vorsehung für unser Leben: Gott kennt unsere Zukunft!" Doch der Mensch hat die Freiheit in den Willen des Schöpfers einzustimmen, sich durch das Gebet in die „Schickung Gottes" zu ergeben. Das geschieht in der betenden Hinwendung zu Gott. Die gefalteten Hände sind so ineinander gelegt, als wollte man sagen: „Ich kann nichts tun, drum handle Du! Mein Wirken ist in Dir gefangen. Ich binde mich ganz fest an dich, o Herr."

Wer an Gott glaubt, schließt nicht die Augen, um die Welt verantwortungslos hinter sich zu lassen. Wer zu ihm betet, flieht vielmehr zu dem, der diese Welt geschaffen, geliebt und erlöst hat. Der Schöpfer, der im Anfang gesagt hat: „Siehe, es ist alles gut" (1. Mose 1) gab dem Menschen den Auftrag, die Erde „zu bebauen und zu bewahren" (1. Mose 2). Das Gebet entbindet ihn nicht von dieser Aufgabe, sondern befähigt ihn dazu. Der Glaube macht nicht weltflüchtig oder weltsüchtig, sondern welttüchtig! „Tüchtig in allem Guten, zu tun seinen Willen" (Hebräer 13,21). Aber das Gebet blickt auch hoffend hinaus zu dem, der uns einen neuen Himmel und eine neue Erde verspricht, der abwischen wird alle Tränen und der uns eine neue Zeit zusagt, in der der Tod nicht mehr sein wird, noch Leid noch Geschrei noch Schmerz (vgl. Offenbarung 21,4).

Das ist die Hoffnungsperspektive des Gebets. Darin findet eine ganze Nachkriegsgeneration Trost. Aus dem Schatten heraus singt Paul Gerhardt zu Gott, aus der Nacht der Welt zu dem, der die Sonne ist. Seine Lieder sind ein betendes Schauen ins Licht.

Propst in Mittenwalde

(1651–1657)

MITTEN IM LEBEN

In Mittenwalde ist er endlich angekommen: mitten im Leben und mitten in seinen Liedern. Acht Jahre lang war er Hauslehrer bei der Familie Berthold. Nun ereilt ihn der Ruf ins Pfarramt. Mit 44 Jahren wird er Propst der märkischen „Storchenstadt" Mittenwalde. Sie liegt zwanzig Kilometer südlich von Berlin. Dem neuen Amt folgt auch ein neuer Stand. Nach und nach umgibt er sich mit „Haus und Hof, Äcker und Vieh, Weib und Kind". Aus dem Junggesellen wird ein Familienvater. Spät und gereift gelangt Paul Gerhardt auf seinen Posten. Ein lutherischer Pfarrherr in der Vollkraft seiner Jahre.

Der Amtstitel „Propst" bedeutet „Vorgesetzter" und weist hin auf einen herausgehobenen Dienst, eine Funktionsstelle. Gerhardt hat eine ansehnliche Zentralgemeinde zu betreuen. Außerdem inspiziert er die umliegenden Schulen des Kirchspiels. Am Anfang seines Pfarrdienstes ist es wie bei den ersten Gedichten: Wo sein Wirken „öffentlich" wird, da ist er gleich „voll da". Er predigt in der Kirche und prüft seine Kollegen. Er betet mit den Sorgenden und segnet die Sterbenden. Er tauft, traut, tröstet und textet. Über fünfzig Choräle entstehen in Mittenwalde. Der neue Wohnort mit Wunden und Wehe des Krieges lässt den Brunnen seines Dichterherzens reichlich fließen. Umgeben von allgemeiner Resignation begegnet uns Paul Gerhardt in Aktion. Dem be-

ruflichen Neuanfang wohnt ein kreativer Zauber inne. Was im Verborgenen aufgebrochen war, gelangt nun zur vollen Blüte. Jetzt ist der richtige Moment dafür. Es erfüllt sich, was er selber schreibt: „Gottes Zeit hält ihren Schritt, / wenn die kommt, / kommt unsre Bitt / und die Freude reichlich mit!"
Paul Gerhardt lässt sich führen. Es sind andere, die ihm den Weg hierher öffnen. Im Sommer 1651 klopfen die Ratsherren von Mittenwalde beim geistlichen Ministerium in Berlin an. Sie suchen einen geeigneten Mann für ihre frei gewordene Propststelle. „Ein guter Seelsorger" wird erwartet. Im angefragten Berliner „Besetzungsgremium" befinden sich der Kammergerichtsadvokat Andreas Berthold und dessen Schwiegersohn Magister Joachim Fromm. Beide kennen Gerhardt als gewissenhaften Hauslehrer und begabten Hochzeitsdichter. Sie empfehlen ihn dem Mittenwalder Magistrat als „ehrenfesten, vorachtbaren und wohlgelehrten" Mann, der sich „mit seinen von Gott empfangenen werten Gaben um unsere Kirche verdient gemacht hat". Seine Lieder werden nicht erwähnt, aber aus der Beschreibung der Person geht hervor, dass er als „Vertretungspfarrer" in Berlin durchaus geschätzt war. Bei vielen „Aushilfsdiensten" konnte er bereits seine Fähigkeiten unter Beweis stellen. Nun war es Zeit für eine feste Stelle. Die Herren des geistlichen Ministeriums schlagen Paul Gerhardt der Gemeinde als neuen Pfarrer vor. Auf dem Silbertablett wird er den Mittenwaldern präsentiert. Warme Worte und Empfehlungen schmücken den Brief. Doch Gerhardt selbst erfährt davon nichts. Ohne dessen Wissen wird er favorisiert, sozusagen „hintenherum". Steht zu befürchten, dass er aus Bescheidenheit vor einer eigenen Bewerbung zurückschrecken würde? Fürchten die Freunde die Skrupel und Gewissensbedenken des sensiblen Theologen, seinen haushohen Respekt vor dem Pfarrdienst? Braucht Paul Gerhardt immer wieder solche Förderer wie Crüger, Fromm und Berthold, die ihn an

der Hand nehmen wie eine Mutter ihr Kind und ihm bei seinen ersten Schritten helfen? Oder wartet er schlichtweg auf eine Berufung „von oben", weil er weiß:

> Befiehl du deine Wege
> und was dein Herze kränkt
> der allertreusten Pflege des,
> der den Himmel lenkt.
> Der Wolken, Luft und Winden
> gibt Wege, Lauf und Bahn,
> der wird auch Wege finden,
> da dein Fuß gehen kann.
>
> Dem Herren mußt du trauen,
> wenn dir's soll wohlergehn;
> auf sein Werk mußt du schauen,
> wenn dein Werk soll bestehn.
> Mit Sorgen und mit Grämen
> und mit selbsteigner Pein
> läßt Gott sich gar nichts nehmen,
> es muß erbeten sein.
>
> EG 361,1.2

Paul Gerhardt plant seine berufliche Karriere nicht mit wohlüberlegten menschlichen Strategien. Er befiehlt dem Allmächtigen seinen Lebensweg an, wenn er feststellt:

> Ihn, ihn laß tun und walten,
> er ist ein weiser Fürst
> und wird sich so verhalten,
> daß du dich wundern wirst,
> wenn er, wie ihm gebühret,
> mit wunderbarem Rat

115

das Werk hinausgeführt,
das dich bekümmert hat.

EG 361,8

Die Mittenwalder möchten ihn haben. Der Magistrat wählt ihn zum neuen Probst der Stadt. Nach langen, herben Jahren des Wartens erlebt er, wie Gottes Wege rechtzeitig mit ihm zum Ziel kommen:

Er wird zwar eine Weile
mit seinem Trost verziehn
und tun an seinem Teile,
als hätt in seinem Sinn
er deiner sich begeben
und sollst's du für und für
in Angst und Nöten schweben,
als frag er nichts nach dir.

Wird's aber sich befinden,
daß du ihm treu verbleibst,
so wird er dich entbinden,
da du's am mindsten glaubst;
er wird dein Herze lösen
von der so schweren Last,
die du zu keinem Bösen
bisher getragen hast.

EG 361,9.10

Ein Umzug steht an. Doch zuvor braucht es noch die offizielle „Ordination" durch die Kirche. Mittels dieser Handlung wird der „junge" Pfarrer nach Abschluss seiner Ausbildung in den neuen Beruf feierlich eingesetzt. Der Ordinierte soll hinfort im Auftrag Gottes das Evangelium „im reinen Verständnis" verkündigen und die Sakramente „dem göttlichen Wort gemäß" verwalten. Er wird aus seiner privaten Existenz herausgeholt und in die öffentliche Aufgabe eines Predigers gestellt. Ein erhabener Moment. Ein Gründungsakt der Kirche. Die immer wiederkehrende Aktualisierung des Missionsbefehles Jesu an seine Jünger: „Gehet hin in alle Welt!" Die Ordination wird in der Bibliothek von St. Nikolai in Berlin vollzogen. Anwesend sind die beiden Pröpste von Berlin und Cölln sowie weitere Kirchenoffizielle. Zuerst kommt das übliche „Frage-Antwort-Spiel": eine Prüfung, die den zukünftigen Pfarrer als sattelfesten Theologen erweisen soll. Sie hat eher formalen Charakter. Es folgen – wie einst in Wittenberg – feierliche Gelöbnisse und Unterschriften. Der Kandidat verpflichtete sich zu einer Amtsführung auf dem Boden der lutherischen Lehre. Ein eidliches „Ja" zu den theologischen Grundlagen, die man im Studium erworben hat. Dann der leuchtende Höhepunkt des Bekenntnisaktes: die Anerkennung der lutherischen Konkordienformel. Die Augsburger Konfession (CA) wurde zwar auch unterschrieben, sie hat aber eher das Verbindende im Blick. Sie will Andersgläubige gewinnen und versöhnen. Dagegen ist die Konkordienformel eine wesentlich schärfere Zusammenfassung des lutherischen Glaubens: Befestigung nach Innen, Bestärkung der Entschiedenen, Abgrenzung nach Außen. Die Unterschiede zwischen den Konfessionen werden unmissverständlich hervorgehoben. Die Konkordienformel ist mit der heißen Leidenschaft für die Wahrheit verfasst. Deutliche Konturen statt unklarer Verwischungen. Brandenburgs Kurfürst Friedrich Wilhelm hat später im Zuge seiner religiösen Toleranzpolitik die Verpflichtung der Pfarrer auf dieses „scharfe" Bekenntnis verboten. Es war ihm zu kämpferisch, zu aufhetzerisch.

Für Paul Gerhardt jedoch ist die Beschwörung dieses Textes der heiligste Akt der Ordination. Wenn der zukünftige Pfarrer den Federkiel nahm und seinen Namen unter das Pergament setzte, kam die Unterschrift einer Eigentumsübertragung gleich.

Zitternd bekannte er damit: „Ich bin jetzt festgemacht an der Seite Luthers, auf dem Boden der Heiligen Schrift, am Herzen Gottes!" Die Stunde dieser Ordination ist im Blick auf das weitere Leben Paul Gerhardts von höchster Wichtigkeit. Dem Ordinierten war klar, dass er sich jetzt Jesus Christus kompromisslos mit Haut und Haaren übergeben hatte, dass er nun für immer jenem „Regenten" gehörte, der im ewigen „Regimente" sitzt und „alles wohl führt". Versiegelt für alle Zeiten. Ein Zurück wäre Verrat, Weichwerden hieße Christus verleugnen. Am Schluss der Ordination versicherte Paul Gerhardt dem anwesenden Gremium: „Ich werde, so Gott Gnade gibt, in diesem Bekenntnis bis an mein Lebensende beständig verharren." Ein großes Versprechen, dessen Einhaltung ihn später sein Amt kosten sollte.

Wer heute nach Mittenwalde fährt, erblickt schon von weitem die gotische Moritzkirche. Wie eine brütende Storchenmutter erhebt sie sich über die kleinen Häuser des flachen Landes. Sie wirkt überdimensioniert. Als ob man eine Hauptstadtkirche aufs Land hinaus gebaut hätte. Ihre stattliche Größe zeugt von der finanzstarken Vergangenheit der Stadt. Im Mittelalter wurde der Ort durch Salzhandel und Zollwesen reich. Die geographische Lage an der Grenze zwischen Lausitz und Brandenburg förderte den städtischen Wohlstand. Im Stadtwappen erinnert ein Schlüssel an die wichtige Funktion Mittenwaldes als „Port der Mark und Schlüssel des Landes". Die „fetten Jahre" hatten die Geldbeutel der Bürger üppig gefüllt. 1562 konnte man sogar den armen Berlinern in ihrem „unfruchtbaren märkischen Sandkasten" finanziell unter die Arme greifen. Ihnen wurde ein großzügiges Darlehen gewährt, das bis heute noch nicht zurückbezahlt ist.

Doch der Reichtum weckte Begehrlichkeiten. Selbst eine überdurchschnittlich gute Verteidigungsanlage konnte die Wucht des Dreißigjährigen Krieges nicht aufhalten. Selbst doppelte

Moritzkirche in Mittenwalde

Gräben und verstärkte Stadtmauern wurden von den Feinden überwunden. Zwischen schwedischen Protestanten und katholischen Wallensteinern gab es da kaum einen Unterschied: Sie alle kamen mit der unstillbaren Gier nach Beute und Zerstörung. Dass eigene Glaubensgenossen dabei oft schlimmer hausten als papsttreue Kaiserliche, ließ die Opfer in verzweifelte Resignation verfallen. Auch in evangelischen Gebieten ging der Vers um: „Der Schwed ist gekommen, hat alles mitgenommen, hat Fenster zerschlagen, hat's Blei davon gossen und d'Bauern verschossen." Aus Kirchenglocken wurden Kanonen, aus Brot wurde Tod, aus Recht wurde Chaos. Auf diesem dunklen Hintergrund schildert Paul Gerhardt in Anlehnung an Psalm 85 seine Sehnsucht nach einer neuen Zeit:

Ach daß ich hören sollt das Wort
erschallen bald auf Erden,
daß Friede sollt an allem Ort,
wo Christen wohnen, werden!
Ach daß uns doch Gott sagte zu
des Krieges Schluss, der Waffen Ruh
und alles Unglücks Ende!

EG 283,3

1637 kamen die Schweden nach Mittenwalde. Sie wüteten auf
den Straßen und plünderten die Vorratskeller. Mit Wollust
zündeten sie Häuser an und töteten wahllos alles Lebendige. Ein
grausamer Flächenbrand der Barbarei. Der damalige Propst Gallus, ein Vorgänger Paul Gerhardts, bat die Eroberer um Gnade.
Er stand an vorderster Front und wollte verhandeln. „Verschont
doch die Menschen!" Aber die Habgier der Entfesselten kannte
kein Maß. Selbst von einem „Mann Gottes" ließen sie sich nicht
ins Gewissen reden. Als Gallus wenigstens den Kirchenschatz
retten und „das Heiligtum vor den Hunden schützen" wollte, fiel
ein Schuss. Unmittelbar vor dem Altar brach der Propst tödlich
getroffen zusammen. Die Kugel kam aus der Pistole eines skrupellosen schwedischen Landsknechtes. Das Blut floss aus dem
Herzen des furchtlosen Mittenwalder Gemeindehirten. Er hatte
seine „Herde" nicht im Stich gelassen. In der Not hatte er sich vor
sie gestellt. Die „Wölfe" sollten sie nicht zerreißen. Er war kein
„Mietling", der um des Geldes willen diente, sondern ein glaubwürdiger Nachfolger des „Guten Hirten" Jesus Christus, „der
sein Leben für die Schafe lässt" (Johannes 10).

In den Spuren dieser Hingabe steht Paul Gerhardt, wenn er
später am Altar der Moritzkirche jeden Sonntag die Abendmahlsworte spricht: „Christi Blut, für dich vergossen" und wenn
er im Angesicht des Gekreuzigten die Liedstrophen dichtet:

Ich will hier bei dir stehen,
verachte mich doch nicht;
von dir will ich nicht gehen,
wenn dir dein Herze bricht;
wenn dein Haupt wird erblassen
im letzten Todesstoß,
alsdann will ich dich fassen
in meinen Arm und Schoß.

Es dient zu meinen Freuden
und tut mir herzlich wohl,
wenn ich in deinem Leiden,
mein Heil, mich finden soll.
Ach möcht ich, o mein Leben,
an deinem Kreuze hier
mein Leben von mir geben,
wie wohl geschähe mir.

EG 85,6.7

Wenn mehrere Pfarrer in einer Kirchengemeinde gemeinsam Dienst tun, so muss das nicht unbedingt zur Arbeitserleichterung des Einzelnen führen. Man kann sich auch gegenseitig blockieren. Neid und Missgunst können zu lähmenden Streitereien führen. In einer mündlich überlieferten „pastoralen Berufsweisheit" wird das kollegiale Gegeneinander humorvoll aufs Korn genommen, wenn da auf gut berlinerisch festgestellt wird: „Selig dessen Beene, steh'n am Altar alleene!" War dieses Sprichwort Paul Gerhardt bekannt? Wie kam er mit seinen Amtsbrüdern zurecht?

Seine „Beene" standen am Mittenwalder Altar jedenfalls nicht „alleene". Der „Märtyrer" Propst Gallus hatte „große Schuhe" hinterlassen. Er stand sozusagen „unsichtbar" neben ihm, wie ein übergroßes Denkmal. An dessen aufopferungsvollem Engagement wurde fortan jeder Amtsnachfolger gemessen. Wie oft hören Pfarrer von ihren Gemeindegliedern den Satz: „Ihr Vorgänger hat das aber ganz anders gemacht!" Große Menschen können in ihrem Handeln ein Vorbild, in ihrer Unerreichbarkeit aber auch eine Last sein. Sören Kierkegaard sagt: „Alle Not kommt vom Vergleichen!"

Dann gab es auch noch einen „lebenden" Amtskollegen: Diakon Christian Alborn, der „zweite" Pfarrer an der Moritzkirche. In schweren Pest- und Kriegszeiten war er der Gemeinde treu zur Seite gestanden. Er hatte den Ruf eines beliebten Seelsorgers. Durch seinen jahrelangen Dienst hatte er die Herzen vieler Menschen gewonnen. Einer jedoch hasste ihn: Der Bürgermeister der Stadt war nicht gut auf Alborn zu sprechen. Hinter dem schlechten Verhältnis stand nicht bloß die übliche Spannung zwischen „weltlicher" und „geistlicher" Obrigkeit, nicht nur ein spielerisches Gegeneinander örtlicher Streithähne wie bei „Don Camillo und Peppone". Der Konflikt ging tiefer. In einer Predigt hatte Alborn gewagt, das Stadtoberhaupt öffentlich der Gewinnsucht anzuklagen. Der Bürgermeister habe die Notlage von Menschen ausgenutzt und ein Darlehen zu völlig überhöhten Zinsen gewährt. Wer so handle sei habgierig und unchristlich! Alborn hatte offensichtliches Unrecht beim Namen genannt. Das war mutig, aber auch gefährlich. Solche „prophetischen" Predigten freuen zwar das Volk, ärgern aber die Machthaber. Es wird vermutet, Alborn wäre selbst gerne der neue Propst geworden. Der Bürgermeister habe aber heftig intrigiert, und Alborn sei deshalb beim Bewerbungsverfahren bewusst übergangen worden. Sind da nicht Konflikte mit einem anderen, aus Berlin „importierten" Stelleninhaber vorprogrammiert? Wird der „Zweite" dem neuen „Ersten" nicht Prügel in den Weg legen? Muss die gespaltene Gemeinde jetzt nicht erst mit viel Liebe gewonnen und verbunden werden? Welche Fragen und Erwartungen hat Paul Gerhardt in den Gesichtern der Menschen bei seinem Amtsantritt gesehen?

Es war kalt, als Gerhardt im Januar 1652 in Mittenwalde aufzog. Man kann noch heute seine erste Kirchenbucheintragung anschauen. Theodor Fontane beschreibt dessen Handschrift als „fest und dabei voller Schwung". Man merkt die Kraft des Aufbruchs. Graphologische Deutungsfähigkeiten braucht es nicht, um in den wuchtig gezeichneten Buchstaben zu erkennen: Hier begegnet ein „kerniger" und selbstbewusster Paul Gerhardt. Mit Energie fängt er an. Mit Kraft geht es los. Und wie fährt er fort? Wie hat er sein Amt geführt? Was haben die Leute von ihm gehalten? War er ein „guter" Pfarrer?

Es gibt nur wenige schriftliche Zeugnisse, die darüber etwas Eindeutiges aussagen. Wenn wir aber Gerhardts eigene Texte anschauen, begegnet uns ein markantes Profil seiner Person. Sein dichterisches Reden offenbart seinen Charakter. Die Lieder zeigen ihn in freundlicher Unmittelbarkeit, liebevoller Zuwendung und fester biblischer Gründung. Die Texte offenbaren einen Mann, der Herzen ansprechen kann, ohne in Gefühlen zu zerfließen. Mit beiden Beinen steht er auf dem Boden der Realität, doch weit ausgestreckt sind die betenden Hände zum Himmel. Außer den Liedern gibt es auch einige Leichenpredigten, durch die sein Wesen spricht. Sie vermitteln das Bild eines warmherzigen und nüchternen Verkündigers. Er geht auf die konkrete Trauersituation ein, aber er geht nicht in ihr auf. In überlangen Begräbnisreden haben später perückengeschmückte Pfarrer die Verdienste des Verstorbenen ausführlich und hochtrabend gewürdigt. Gleichsam weißen Puder aufs schwarze Grab geschüttet: Nihil nisi bene de mortuis – Nichts außer Gutes über die Toten! Gerhardt ignoriert diese Sitte nicht, aber er kennt das Maß und kommt schnell zur Bibel. Er möchte Menschen nicht nur abholen, sondern sie auch zu einem Ziel führen: von der

Person zum Wort Gottes kommen, vom Subjektiven zum Objektiven. Trost sucht er nicht in der Geschichte des Verstorbenen, sondern im Evangelium von Jesus Christus. Aus der Art seiner Texte kann man die Amtsführung erahnen: Er ist erreichbar für die Menschen. Kein weltfremder „akademischer Überflieger", aber auch kein volkstümlicher Selbstdarsteller. Er bewahrt das rechte Verhältnis von Distanz und Nähe: Er ist da, ohne sich anzubiedern. Er schaut in die Gesichter der Menschen, ohne die Schamgrenze zu verletzen. Er begleitet, ohne zu zwingen. Wenn die Gemeindeglieder am Pfarrhaus vorbeigehen, fühlen sie Geborgenheit, Verlässlichkeit und Heimat. Da brennt ein Licht, das Orientierung schenkt.

Es gab immer schon unterschiedliche Pfarrer: Berufene und Verrufene. Manche haben ihr Amt vor allem zum persönlichen Vorteil benutzt. Gerade zu Paul Gerhardts Zeiten. Allerlei „Landpfarrer" waren der Trunk- oder Vergnügungssucht verfallen. Sie konnten das Leid ihrer Zeit nur verdrängend ertragen. Es gab „Seelsorger", die mehr Zeit hinterm Tresen als vor dem Altar zubrachten. Es gab Theologen, die waren in erster Linie Schnapsbrenner, Zirkusveranstalter, Pferdehändler oder Geldverleiher. Manche kamen durch Bestechung in ihr Amt. Andere heirateten die dreißig Jahre ältere Pfarrwitwe des Vorgängers, um an eine gute Pfründe zu gelangen. Der Ruf des Geistlichen Standes war im 17. Jahrhundert auf einem Tiefpunkt angelangt. Noch 1733 hat Friedrich Wilhelm I. von Preußen erklärt, dass „von 100 lutherischen Geistlichen nur 20 gut und 24 leidlich sind, also 56 schlecht". Wie er zu diesen Zahlen kam, bleibt dahingestellt. Sicher ist: es gab und gibt Pfarrer, die eine Spur der geistlichen Verwüstung durch ihre Kirche ziehen, die berüchtigten „Kirchenleerer". Es gibt aber neben dem „Unkraut" immer auch den „guten Weizen" – auch damals war es nicht anders.

Während des Dreißigjährigen Krieges hatte sich das Berufsbild des Pfarrers grundlegend verändert. War er in früheren Jahren vor allem ein Lehrer und Zuchtmeister seiner Gemeinde gewesen, so ist das Verhältnis in den Kriegsjahren enger geworden. Aus dem Pfarrer war jetzt ein Berater und Seelsorger geworden. Er teilte mit seiner Gemeinde Leid und Not. Das schweißte zusammen. Der „gute" Pfarrer, der einst seine Zeit vor allem in der Studierstube und am Katheder zubrachte, fand sich nun bei seinen Gemeindegliedern. Er machte Besuche und kam in ihre Häuser. Aus der „Kommstruktur" des Amtes war eine „Gehstruktur" geworden.

Zu diesen „guten Seelsorgern" dürfen wir auch Paul Gerhardt rechnen. In einem Gebetslied bittet er um einen „fleckenlosen Lebenswandel" und schreibt: „Gib, dass ich mich nicht lasse ein / zum Schlemmen und zum Prassen, / lass deine Lust mein eigen sein, / die andre fliehn und hassen" (CS 55,5). Er strebt darin nicht nach irdischen Gütern, sondern nach einer „Wollust, die keine Zeit aufhebet" (CS 55,6).

In dem Empfehlungsschreiben der Berliner Kirchenbehörde werden Paul Gerhardts pastorale Qualitäten beschrieben: „Er ist eine Person, deren Fleiß bekannt, die eines guten Geistes und unverfälschter Lehre, dabei auch eines ehrlichen und friedliebenden Gemüthes und christlichen, untadeligen Lebens sey". Außerdem hebt das Schreiben hervor, dass Gerhardt „bei Hohen und Niedrigen unseres Ortes lieb und wert gehalten" werde. Sicher neigen wohlwollende Empfehlungen auch zu Übertreibungen, aber die groben Linien seines Charakters werden doch deutlich: Paul Gerhardt ist ein Pfarrer, wie er im Buche steht: gebildet und volksnah, fleißig und fromm, bibel- und menschenorientiert, bescheiden und rechtschaffen. Ein Prediger am Herzen Gottes, ein Seelsorger am Herzen der Menschen.

1991 hat man vor der Mittenwalder Kirche ein Denkmal errichtet, das an das Wirken des Liederdichters in der Stadt erinnert. Es ist ein Abdruck der Skulptur des Berliner Bildhauers Friedrich Pfannschmidt. Das Original steht vor der Stadtkirche Lübben. Wer diese Paul-Gerhardt-Statue von hinten betrachtet, sieht in Gerhardts Rücken eine Darstellung, die das Lebensgefühl der Epoche zum Ausdruck bringt: Eine alte Kanone liegt im Acker und wird vom Weizen überwuchert. Eine Welt zwischen Zerstörung und Hoffnung. In dieser Atmosphäre entstehen Gerhardts Lieder. Seine Strophen strömen auf durstige Seelen wie Wasser auf trockenes Land. Hier in Mittenwalde hat er sein berühmtes Sommerlied „Geh aus, mein Herz, und suche Freud" geschrieben. Darin heißt es: „Der Weizen wächset mit Gewalt,/ darüber jauchzet jung und alt!" (EG 503,7). Ein tröstliches Bild: Die schwere Kanone hemmt zwar das Wachstum, aber sie kann es nicht aufhalten. Die Macht des Schöpfers ist stärker als die Gewalt des Krieges! Das Leben mächtiger als der Tod. Die Liebe größer als aller Völkerhass. Es ist Zeit für die Gründung einer Familie.

Auf dem Denkmal schaut Gerhardt in die Richtung, in der einst sein Pfarrhaus gestanden hatte. Drei Jahre lang lebte er hier als alleinstehender Junggeselle. Er musste sich erst zurechtfinden. Bodenhaftung gewinnen. Zuerst die Gemeinde, dann das Private. Wie ins Amt gelangt er auch in den Ehestand erst spät. Er ist der Überzeugung: „Wenn die Zeit nun dar, wird's ein wohlgeratnes Paar." Paul Gerhardt kann warten. Er lässt sich auch in Liebesfragen führen. In seinem bereits erwähnten Hochzeitsgedicht schreibt er: „Der aller Herz und Willen lenkt und wie er will regieret, der ists, der euch, Herr Bräutigam, schenkt die man euch hier zuführet" (CS 44,1).

Gerhardts Herz wird nach Berlin gelenkt. Mit 48 Jahren heiratet er die 32-jährige Anna Maria Berthold. Sie ist seine ehemalige Schülerin. Man kennt sich schon lange: acht Jahre lebten die beiden unter einem Dach, aßen am selben Tisch und gingen

Paul-Gerhardt-Denkmal

in die gleiche Kirche. Man ist einander vertraut, vielleicht im Geheimen verliebt, aber alles „in Züchten". Sexualität kam erst später. Sie galt als wunderbare Gabe des Schöpfers, allerdings ausschließlich bestimmt für den dafür vorgesehenen, geschützten Bereich der Ehe. Voreheliches Begehren vollzog sich im Verborgenen. Von den Verliebten wurde daher jedes Wort, jeder Augenaufschlag, jede zufällige Berührung ins Geheimnis verklärt. Verbotenes steigerte die Sehnsucht, Unerfülltes ließ Träume erblühen. Auch fromme Menschen im 17. Jahrhundert waren nicht bloß vernunftgesteuert, sondern von Leidenschaft erfüllt. Aber sie kannten die Grenzen.

Wie es der Sitte entspricht, schickt Paul Gerhardt einen Freund zu Kammergerichtsadvokat Berthold. Dieser bittet den früheren „Arbeitgeber" in Gerhardts Auftrag um die Hand seiner Tochter. Nach dessen Einwilligung wird am 11. Februar 1655 geheiratet. Propst Vehr, der örtliche Stadtpfarrer, traut die beiden in der Bertholdtschen Wohnung in Berlin. Wieder, wie beim Amtsantritt in Mittenwalde, ist es kalt. Dass Gerhardts Ehe gerade im frostigen Februar geschlossen wird, ist nichts Besonderes. Der Winter war in landwirtschaftlich geprägten Gebieten bis ins 20. Jahrhundert hinein ein beliebter Hochzeitstermin: Die Feldarbeit ruhte. Man hatte Zeit füreinander und suchte die Wärme. Winternächte sind lang – genug Zeit, sich aneinander zu gewöhnen.

War auch der Altersunterschied zwischen den Eheleuten erheblich, so gab es doch viel Verbindendes im Denken und Fühlen. Die Generationen fielen damals in ihren Wertvorstellungen nicht sehr auseinander. Es gab einen gesellschaftlichen Konsens, wie man als Ehepaar zu leben hatte. Aus der Bibel wurden die Ideale übernommen: Der Mann als verlässliches „Haupt der Familie" (Epheser 5,23) und die treusorgende Ehefrau, die in ihren häuslichen Pflichten aufgeht. In einem Gedicht benutzt Paul Gerhardt die farbenreiche Bilderwelt der Sprüche Salomos und lobt die „tugendsame Hausfrau" (Sprüche 31, 10–31): eine hymnische Beschreibung mütterlichen Wesens. Der eine oder die andere mag darin geradezu die Karikatur eines altbackenen Frauenbildes sehen. Wer die Worte allerdings ohne Vorurteile liest, spürt echte Liebe und Verehrung des weiblichen Geschlechtes. Die „richtige" Frau ist für den biblischen Sänger Salomo der größte irdisch erreichbare Reichtum:

„Wem eine tüchtige Frau beschert ist, die ist viel edler als die köstlichsten Perlen. Ihres Mannes Herz darf sich auf sie verlassen, und Nahrung wird ihm nicht mangeln. Sie tut ihm Liebes und kein Leid ihr Leben lang. Sie geht mit Wolle und Flachs um und arbeitet gerne mit ihren Händen ... Sie merkt wie ihr Fleiß Gewinn bringt; ihr Licht verlischt des Nachts nicht." Am Engagement der Frau hängt das Wohl des ganzen Hauses. Ihre Aura ist die eigentliche Kraft der Familie. Auch ihre Barmherzigkeit und Fürsorge wird gelobt: „Sie streckt ihre Hände aus zu dem Armen und reicht ihre Hand dem Bedürftigen." Da ist vorausschauende Sorge für ihre Familie: „Sie fürchtet für die Ihren nicht den Schnee; denn ihr ganzes Haus hat wollne Kleider." Glück erfährt die Frau in diesem Rollenbild nicht in beruflicher Selbstverwirklichung, sondern durch die Liebe ihrer Familie: „Ihre Söhne stehen auf und preisen sie, ihr Mann lobt sie: ‚es sind wohl viele tüchtige Frauen, du aber übertriffst sie alle.'" Und schließlich die Frömmigkeit der Frau als entscheidendes Auswahlkriterium: „Lieblich und schön sein ist nichts; ein Weib, das den Herrn fürchtet, soll man loben!"

An der Grundlage des Glaubens entscheidet sich Wohl und Wehe der Familie. Da ist sich Paul Gerhardt mit dem biblischen Salomo einig, wenn er in seinem „Frauenlob" nachspricht:

> Was hilft der äußerliche Schein?
> Was ists doch, schön und lieblich sein?
> Ein Weib, das Gott liebt, ehrt und scheut,
> das soll man loben weit und breit!
>
> CS 45,18

Hat Anna Maria diesem hohen Ideal entsprochen? Einer der frühen Biographen lobt deren „innige Frömmigkeit, die Liebe zum göttlichen Wort, ihre ungewöhnliche Gebetskraft und rührende kindliche Treue gegen die kränkelnde Mutter, für deren Pflege sie willig alle eigene Bequemlichkeit opferte". In der Tat hat Anna Maria jahrelang ihre schwerkranke, bettlägerige Mutter in rührender Hingabe gepflegt. Sie hat Leid nicht abgeschoben, sondern mitgetragen. Pflicht nicht verdrängt, sondern geübt. Ist das nicht eine gute Voraussetzung für den Dienst als Pfarrfrau? Ein Vorbild im Dasein für Andere? Ist eine gute Tochter nicht auch eine gute Ehefrau? In den schweren Berliner Kampfzeiten hat sich später diese Ehe bewährt. Anna Maria hat ihrem Paul den Rücken gestärkt. Sie hat nicht, wie manch andere, aus Angst vor materiellen Beeinträchtigungen das Gewissen ihres Mannes mit Vorwürfen beschwert. Sie war vorbehaltlos hinter seinem lutherischen Bekenntnis gestanden und hat ihn bis zu ihrem letzten Atemzug unterstützt: Amt, Verstand und Glaube ganz nahe beieinander. Eine gute Ehe. Luther hätte wohl seine Freude an diesem Pfarrhaus gehabt.

In der Mittenwalder Moritzkirche gibt es einen Schnitzaltar aus katholischer Zeit. In dessen Predella sieht man das „Schweißtuch der Veronika". Darauf abgebildet das Angesicht des Gekreuzigten. Das Blut strömt von der Dornenkrone herab. Die eindringlichen Augen des Heilands sehen den betenden Pfarrer an. Paul Gerhardt schreibt in dieser Zeit das Lied: „O Haupt voll Blut und Wunden" (EG 85). Darin meditiert er das Leiden des Gekreuzigten und bittet Jesus: „Wenn mir am allerbängsten / wird um das Herze sein, / so reiß mich aus den Ängsten / kraft deiner Angst und Pein" (EG 85,9). In Mittenwalde gab es für Paul Gerhardt sicher hoffnungsvolle Zeichen des Aufbruchs: Der beginnende Friede, der neue Beruf, die junge Ehe. Dafür stehen die wachsenden Weizenähren auf dem Denkmal. Gleichzeitig aber lagen – alten Kanonen gleich – „Angst und Pein" noch schwer über den Häusern der Stadt.

Da war zunächst die hohe Kindersterblichkeit. Die hygienischen Zustände waren schrecklich und ermöglichten eine rasche Verbreitung von Krankheiten. Die Medizin konnte meist nicht helfen. Viele Infektionen, die heute mit Antibiotika zu behandeln sind, gingen damals tödlich aus. Schon eine leichte Sommergrippe konnte das Ende bringen. Auf dem Land starben im 17. Jahrhundert über die Hälfte aller Kinder schon im ersten Lebensjahr. Dieses grausame Abschiednehmen musste auch Familie Gerhardt mehrfach durchleben.

Am 19. Mai 1656, dem Geburtstag der Mutter, wurde dem Ehepaar eine Tochter geschenkt. Was für eine Freude: Draußen blühen die Bäume und im Pfarrhaus das Glück. Die Welt voller Wunder und in den Händen ein Kind. Und was für eine entsetzliche Trauer ein halbes Jahr später. Über Nacht kommt die Krankheit. Das Kind liegt siechend da, wird schwächer und schwächer, man kann nicht mehr helfen. Die Hände gebunden, das Herz voller Wunden. Worte können nicht fassen, was Eltern fühlen: Aus der Wiege müssen sie ihr „Schätzlein" in einen Sarg legen. Da ist so viel Ohnmacht. Am 14. Januar 1657 stirbt „Maria Elisabeth, Pauli Gerhardts und Anna Maria Bertholdin erstgeborenes herzliebes Töchterlein". Eine Steintafel in der Moritzkirche erinnert an deren frühen Tod. Darunter steht das von den Eltern ausgewählte Bestattungswort: „Wenig und böse ist die Zeit meines Lebens"(1. Mose 47,9). So hat der biblische Jakob am Abend seines Lebens vor dem ägyptischen Pharao gesprochen. Es ist jener hinkende Jakob, dessen Leben vom Kampf gezeichnet war. Wie dieser einst am Fluss Jabbok eine lange Nacht hindurch mit Gott gerungen hat, so haben Paul und Anna Maria mit Gott gerungen im Angesicht ihres sterbenden Kindes. Die Erinnerung an den inneren Kampf klingt nach in einem „Gedicht auf den Tod der kleinen Elisabeth Heinzelmann", der Tochter eines Freundes:

Ach, es ist ein bittres Leiden
und ein rechter Myrrhentrank,
sich von seinen Kindern scheiden

durch den schweren Todesgang!
Hier geschieht ein Herzensbrechen,
das kein Mund recht kann aussprechen.

Aber das, was wir beweinen,
weiß hievon ganz lauter nichts,
sondern sieht die Sonne scheinen
und den Glanz des ewgen Lichts,
singt und springt und hört in Scharen,
die hier seine Wächter waren.

Wandelt eure Klag in Singen!
Ist doch nunmehr alles gut.
Trauern mag nicht wiederbringen,
was im Himmelsschoße ruht.
Aber wer getrost sich gibet,
ist bei Gott sehr hoch beliebet.

CS 121,2.3.7

Die hohe Kindersterblichkeit hatte ihre Ursache in der allgemeinen Not. Immer noch herrschten erbärmliche Zustände. Die verwüsteten Felder gaben nicht viel her. Es fehlte an lebensnotwendigen Dingen. Die Gesellschaft musste nach dem Dreißigjährigen Krieg grundlegend neu organisiert werden. Die Bauern konnten sich kaum selbst ernähren, wie sollten sie da noch ihre Pfarrfamilie versorgen? Oft war „Schmalhans Küchenmeister" im Hause Gerhardt. Karl Hesselbacher erzählt eine alte Geschichte, „die berichtet von schweren Sorgentagen, in denen nicht einmal mehr ein Stäublein Mehl im Kasten und keine Rinde Brot mehr im Schrank gewesen sei. Da sei die Pröpstin mit Bangen zu ihrem Gatten gekommen: ‚Gib mir nur einen Groschen, dass ich das Allernötigste kaufen kann. Sonst kann ich dir heute nicht einmal den Tisch zu Mittag decken!' Aber nicht ein Kreuzer fand sich.

Der Treue tröstete sie: ‚Ich will dir eine Speise besorgen, die nicht vergeht.‘ Setzte sich in sein Gartenhaus und schrieb das Lied ‚Befiehl du deine Wege‘. Hernach als er ihr's las, mussten alle Tränen versiegen." In diesem Führungslied begegnet der typisch Gerhardtsche Ton des stillen Gottvertrauens. Mit ruhigem Atem blickt er auch über ausweglosen Situationen zum Himmel hinauf und erkennt: „Der Wolken, Luft und Winden /gibt Wege, Lauf und Bahn, / der wird auch Wege finden, / da dein Fuß gehen kann" (EG 361,1). Das leidende Individuum wird unter den weiten Weltkreis Gottes gestellt. Die Sorge des Einzelnen unter die Allmacht des Schöpfers. Wer sich betend unter die himmlische Vorsehung begibt, kann sein Leben gelassen annehmen.

Das Lied ist so geschrieben, dass es leicht auswendig gelernt werden kann. Mit dem einfachen Sprachrhythmus eines erzählenden Versmaßes passen sich die Strophen dem Schlagen des menschlichen Herzens an. Gottes Wort am Puls des Lebens. Wie eine Urgeschichte der Seele kann das Lied auch in sprachloser Ohnmacht bekannte Worte schenken. Wegetrost zum Weiterleben. Ein Wolkenloch zur Sonne hin – auch über Krankenbetten und Kindersärgen, auch in schlaflosen Nächten und schweren Zeiten.

Die zwölf Strophen sind angelegt wie ein Kletterseil in den Bergen: Alle paar Meter kommt ein Haken, an dem man sich festhalten kann. Als Sprachgerüst steht hinter dem Lied das Bibelwort: „Befiehl dem Herrn deine Wege und hoffe auf ihn, er wird's wohl machen" (Psalm 37,5). Aus den dreizehn Worten dieses Satzes sind zwölf Strophenanfänge geworden, zwölf Haken an denen jeweils eine Liedstrophe aufgehängt ist: „1. *Befiehl* du deine Wege und was dein Herze kränkt ... 2. *Dem Herren* musst du trauen, wenn dir's soll wohlergehn ... 3. *Dein* ewge Treu und Gnade ... 4. *Weg* hast du allerwegen." usw. Hinter diesem Aufbau steht die Botschaft: Wer die Bibel kennt, findet nicht nur den Weg durch das Lied, sondern auch den Weg durch sein Leben. Es geht wie bei einer Bergwanderung. Der Aufstieg mag anstrengend sein, aber am Ziel folgt die herrliche Aussicht:

Mach End, o Herr, mach Ende
mit aller unsrer Not;
stärk unsre Füß und Hände
und laß bis in den Tod
uns allzeit deiner Pflege
und Treu empfohlen sein,
so gehen unsre Wege
gewiß zum Himmel ein.

EG 361,12

Es ist ein eindringliches Wanderlied mit der Aufforderung: nicht aufgeben, sondern abgeben. Nicht am Aufstieg verzweifeln, sondern den Weg annehmen. Wichtige Worte werden ermunternd wiederholt: „*Hoff,* o du arme Seele, *hoff* und sei unverzagt! *Auf, auf* gib deinem Schmerze und Sorgen gute Nacht. *Ihn, ihn* lass tun und walten!" Betont wird alles, was den Blick wegrichtet von zeitlicher Not hin zum ewigen Gott. Als ob Paul Gerhardt sagen wollte: „Spürst du nicht in jedem Schritt die Verbindung mit dem großen Ziel? Fühlst Du nicht hier schon den Gipfel?"

Dass Gerhardt die ursprüngliche dreizehner Zahl des Bibelworts in zwölf Strophen beugt, ist kein Zufall, sondern Absicht. Zahlen hatten bis in die Aufklärung hinein eine symbolische Bedeutung, die den Menschen vertraut war. Die Zahl zwölf galt als die Zahl der wandernden Kirche: Zwölf israelitische Stämme waren Mose durch die Wüste hindurch ins verheißene Land gefolgt. Zwölf Apostel waren mit Jesus gezogen und wurden zu „Stammhaltern" des „neuen" Gottesvolkes. Und zwölf himmlische Tore erwarten die wandernde Schar der Christen am Ende der Zeit. Dort, wo „kein Leid und kein Geschrei" mehr sein wird. Mit den zwölf Strophen dieses Liedes stellt Paul Gerhardt das sorgende „Ich" der Seele ins bergende „Wir" der Kirche. Gemeinsam sind wir unterwegs wie die Wolken am Himmel, und Gott weiß wohin:

Weg hast du aller Wegen,
an Mitteln fehlt dir's nicht,
dein Tun ist lauter Segen,
dein Gang ist lauter Licht;
dein Werk kann niemand hindern,
dein Arbeit darf nicht ruhn,
wenn du, was deinen Kindern
ersprießlich ist, willst tun.

EG 361,4

Dieses Lied bringt Theologie und Frömmigkeit, Herz und Glaube zusammen. Es ist ein betendes Einstimmen in den Willen Gottes. Gut, dass Paul Gerhardt das Lied schon besaß, bevor seine zweite Berliner Zeit begann. In den Auseinandersetzungen der kommenden Jahre mag es ihm manchen Halt gegeben haben.

Pfarrer in Berlin
(1657–1669)

GEFANGEN IM GEWISSEN

Pfarrdienst ist Brunnendienst. Das hat Paul Gerhardt schon im Theologiestudium gelernt. In Wittenberg gab es einen amtlich bestellten „Röhrenbrunnenwassermeister". Er sorgte dafür, dass Sommer und Winter hindurch das lebensnotwendige Nass vorhanden war. Das Wasser sollte ungehindert und unverschmutzt seinen Weg von der Quelle zum Trog finden. Der Brunnenmeister war verantwortlich für die Trinkqualität des städtischen Wassers. Die Menschen wussten: „Wenn der Brunnen frei zugänglich ist, können wir bedenkenlos daraus schöpfen. Das Wasser ist gut und stillt den Durst. Es schenkt Kraft zum Leben."

War aber der Brunnen verunreinigt, mussten die Bürger eindringlich gewarnt werden: „Trinkt nicht davon, das macht euch krank!" Aus dem Wasseranbieter war nun ein Mahner geworden. Statt einzuladen zur „lebendigen Quelle" musste er jetzt abraten von der unreinen, „rissigen Zisterne" (Jeremia 2,13). Er tat das nicht aus Rechthaberei, sondern aus Sorge um die Menschen. Das war seine Pflicht. Im Mittelalter wurden vergiftete Brunnen schwarz angemalt. Die Trauerfarbe sollte allen zeigen: „Dieser Brunnen bringt nicht Leben, sondern Tod!"

Im Vergleich mit dem Beruf eines „Röhrenbrunnenwassermeisters" wird Paul Gerhardts Amtsverständnis deutlich: In

Schule und Universität hatte er gelernt, dass der Pfarrer die Gnade Gottes nicht sakramental erwirkt, sondern predigend austeilt. Er schreibt:

> Die ihr arm seid und elende,
> kommt herbei, füllet frei
> eures Glaubens Hände.
> Hier sind alle guten Gaben
> und das Gold, da ihr sollt,
> euer Herz mit laben.
>
> EG 36,9

Er bietet das Evangelium an wie kostenloses Wasser (Jesaja 55,1). Er muss nicht „erwirken", dass Menschen aus ihren Häusern heraus zur Kirche kommen. Das Zählen von Gottesdienstbesuchern hätte er als einen unbiblischen Herrschaftsakt verworfen. Gottes Volk ist nicht zu zählen (1. Mose 13,16). Nur Christus selbst „kennt die Schäflein, die auf ihres Hirten Stimme hören" (Luther). Evangelistische Methoden, die wie mit einer Art Magensonde den Unwilligen „zwangsernähren" sollen, würde Gerhardt ablehnen. Er weiß, dass Gott es ist, der das „Wollen und das Vollbringen" schafft (Philipper 2,13). Der Durstige trinkt nicht aus Zwang, sondern weil er des Wassers bedarf. Dazu braucht es keine ausgeklügelte geistliche „Kampfstrategie", sondern den fröhlichen, einladenden Ruf:

> Ei so kommt und laßt uns laufen,
> stellt euch ein, groß und klein,
> eilt mit großen Haufen!
> Liebt den, der vor Liebe brennet;
> schaut den Stern, der euch gern
> Licht und Labsal gönnet.
>
> EG 36,6

Der Pfarrer ist kein Wassererwecker, sondern ein Wasserwächter: Er muss dafür Sorge tragen, dass der geistliche Brunnen klar und rein fließen kann und dass die Menschen freie Zugangsmöglichkeiten haben. In dieses Amt ist der Geistliche öffentlich eingesetzt. Er ist für die „Trinkqualität des Gnadenstromes" zuständig. Reines Evangelium muss erreichbar sein wie sauberes Wasser. Die Menschen müssen wissen: „In der Kirche fließt stetige Kraft zum Leben."

In den schweren Zeiten des Dreißigjährigen Krieges hatte es sich bewährt: „Gottes Wort und Luthers Lehr" hatte den Leidenden das Durchhalten ermöglicht. Sie hatten die Erfahrung gemacht: Man kann in der Wüste überleben, wenn es einen Brunnen gibt. Man kann dürre Zeiten durchstehen, wenn es Trinkmöglichkeiten gibt:

> Die ihr schwebt in großem Leide,
> sehet, hier ist die Tür
> zu der wahren Freude;
> faßt ihn wohl, er wird euch führen
> an den Ort, da hinfort
> euch kein Kreuz wird rühren.
>
> EG 36,7

Paul Gerhardt ist mit seinen Liedern ein „Schöpflöffel Gottes" (Luther) geworden. Seine Texte strömen wohltuend hinein in die Not seiner Zeit. Sie heilen, statt zu provozieren. Sie führen nicht zum Aufruhr gegen die Welt, sondern zur Annahme des Lebens. In seinem „Schöpf- und Trostdienst" wirkt Gerhardt unaufgeregt und sachlich. Er arbeitet ruhig und gelassen. Ähnlich einem städtischen Beamten, der seine Pflicht tut zum Wohl des Gemeinwesens. Aus politischer Sicht war Gerhardt bislang ein braver, eher unauffälliger Bürger des Landes gewesen. Dies änderte sich in den folgenden Jahren.

Als Pfarrer an der Berliner Nikolaikirche steht er im Mittelpunkt kirchenpolitischer Auseinandersetzungen. Sein Bekenntnis wird herausgefordert. Es kommen Jahre des Kampfes. Aus dem Tröster wird ein Widerständler, aus dem Dulder ein Steher. Er hat sich das Leiden nicht gesucht, aber als es über ihn kam, hat er es tapfer getragen. Viele sind damals geflohen. Manche haben Angst bekommen und sind schwach geworden, haben geschwiegen oder sind weggegangen ins Ausland. Paul Gerhardt hat ausgeharrt und seine Stellung als „Brunnenwächter" gehalten. Als Brandenburgs Großer Kurfürst die lutherischen Lehrgrundlagen angreift, regt sich Gerhardts heftiger Widerstand. Friedrich Wilhelm will seiner größten Kirche im Land die polemische Schärfe nehmen. Minderheiten wie die Reformierten und Katholiken dürfen nicht mehr von der Kanzel herunter angegriffen werden. Den lutherischen Pfarrern wird es verboten, Andersgläubige zu „verketzern". Sie sollen sich auf das „Eigene" beschränken und die vermeintlichen „Irrlehren" der anderen ignorieren. Wie ein strenger Vater packt der Kurfürst seine streitenden Kinder am Schlafittchen und sagt: „Ruhe jetzt. Genug gestritten!"

Kann man dem nicht zustimmen? Ist dieses „Konfliktmanagement von oben" nicht vernünftig? Aus heutiger Sicht wirkt doch die kurfürstliche Maßnahme modern und versöhnend. Ein erster Versuch zum Gelingen einer multikulturellen Gesellschaft?

Rund 340 Jahre nach dem „Friedensbefehl" des brandenburgischen Landesherrn fand 2003 in Berlin der erste ökumenische Kirchentag statt. Der Veranstaltungsort sollte ein Zeichen setzen: Nicht nur das zuvor geteilte Deutschland, auch die Konfessionen werden einer Wiedervereinigung entgegengehen. Die Mauern zwischen Menschen und Religionen sollen bald fallen. Zwei Jahre vor dem Kirchentag hatten die New Yorker Terroranschläge vom 11. September 2001 das globale Denken verändert. Islamistische

Fanatiker hatten den Friedensvisionen der „neuen Welt" eine schlimme Wunde geschlagen. Beim Kirchentag wollte man sich bewusst von diesem Gewaltakt distanzieren und öffentlich bezeugen: Religion macht nicht Krieg, sondern Versöhnung. Jeglicher ideologischen Engstirnigkeit wurde eine Absage erteilt. Die „Einheit der Christen" wurde als fröhliches Familienfest gefeiert.

„Wir haben doch alle denselben Herrgott", sagen viele, wenn sie bei ökumenischen Gottesdiensten zusammenkommen. Man freut sich an den gewachsenen Traditionen anderer Konfessionen. Toleranz wird zum ersten Gebot der Christenheit. Das „Fremde" wird nicht mehr als Bedrohung, sondern als Bereicherung empfunden. Die christlichen Glaubensgeschwister rücken heute zusammen – nicht auf Befehl hin, sondern infolge einer breiten gesellschaftlichen Aufklärung. Durch die Berichterstattung der Medien wächst die Fähigkeit, sich in andere hineinzudenken, andere Lebensentwürfe zu verstehen. Die Weite im Blick schenkt Weite im Herzen. Darüber hinaus gibt es auch biblische Antriebe zur Versöhnung unter den Menschen. Jesus bittet im hohenpriesterlichen Gebet darum, dass seine Nachfolger „alle eins seien" (Johannes 17,21). Das erwartet auch die Politik von den Kirchen. In einer von Fanatismus und Krieg zerrissenen Welt sollen Christen Brückenbauer sein: „Versöhnen statt Spalten" war das Motto von Johannes Rau. Frieden und Liebe soll nicht nur verkündigt, sondern innerhalb der Religionen gelebt werden.

Warum wehren sich die orthodoxen Lutheraner gegen diese Versöhnungsversuche mit unnachgiebiger Vehemenz? Sind sie „geistig zurückgeblieben"? Können wir im gegenwärtigen Zeitalter interreligiöser Gespräche verstehen, warum damals Paul Gerhardt und seine Amtskollegen so konservativ, so verschlossen, so halsstarrig wirken? Warum sie keinen Millimeter abweichen von ihren Glaubenspositionen und Bekenntnissen? Fehlt ihnen

140

Herzensgüte und Liebe? Könnten sie andere nicht wenigstens als Christen „gelten" lassen? Warum dieser unbeweglich scheinende „Fundamentalismus"?

Der Graben der Geschichte entfernt uns heute weit von der starren Haltung der Lutheraner im 17. Jahrhundert. Und doch können wir erahnen, dass der Widerstand gegen den Kurfürsten nicht aus kindischem Trotz heraus geschieht, sondern aus Sorge um das Seelenheil der Menschen. Friedrich Wilhelm ist nicht der „Vater" der Kirche, das ist Gott im Himmel. Auf ihn müssen seine Kinder hören. Ihm haben die Pfarrer bei der Ordination versprochen „aller falschen Lehre" zu wehren. Wie ein Wittenberger Röhrenbrunnenwassermeister fühlen sie sich nun in der Pflicht zu handeln: „Wenn das reine Quellwasser des Evangeliums verschmutzt wird, wenn die Gnade verdunkelt wird, wenn Christus zweideutig wird, wenn die ewige Seligkeit ins Wanken gerät, dann geht es um Leben und Tod! Dann müssen wir die vergifteten Brunnen schwarz markieren und die Menschen eindringlich warnen, damit sie nicht krank werden. Das ist unser Wächteramt!"

Paul Gerhardt schreibt in dieser Zeit: „Sein Bekenntnis, in welchem man von Jugend auf vor Gott und vor der Welt mit gutem Gewissen gewandelt hat, von welchem uns auch der Geist Gottes in unsern Herzen Zeugnis gibt, dass es recht und ganz heilig und christlich sei, solch Bekenntnis dahingeben und von sich sagen sollen, das ist doch ein hartes, großes und schweres Werk."

In dem Kampf um das „rechte Bekenntnis" rückt Paul Gerhardt ins Blickfeld der Medien. Sein Name steht jetzt in der Zeitung. Er veröffentlicht theologische Gutachten und Streitschriften gegen die Reformierten. Er wird zum Führer der Kompromisslosen im märkischen Luthertum. Es kommt zum geistlichen Zweikampf mit seinem Kurfürsten. Es geht um Alles oder Nichts. Und was bleibt am Ende: Sieg oder Niederlage? Oder vielleicht eine auch heute notwendige Nachdenklichkeit über den Zusammenhang von Theologie und Ethik, von Gewissen und Handeln, von Reden und Tun?

1657 kommt Paul Gerhardt nach Berlin. Die Herren des geistlichen Ministeriums hatten ihn einst nach Mittenwalde empfohlen. Nun wollen sie ihn an die hiesige Nicolaikirche berufen. Hier gibt es viel Vertrautes: das Nicolaiviertel, in dem die angeheirateten Verwandten wohnten, sein guter Freund Kantor Johann Crüger, mit dem ihn das gemeinsame Liederschaffen verbindet und das gotische Gotteshaus, das ihm schon beim Kirchgang mit Familie Berthold zur geistlichen Heimat geworden war.

Sankt Nicolai ist die älteste Berliner Kirche. Im Zweiten Weltkrieg wurde sie zerstört. Nur die Außenmauern waren stehen geblieben. Zu DDR-Zeiten hat man sie als Museum wieder aufgebaut. Im 17. Jahrhundert war sie eine der residenzstädtischen Hauptkirchen. Drei Pfarrer taten dort üblicherweise ihren Dienst. Nun war die erste Pfarrstelle frei geworden: Propst Petrus Vehr, der „Traupfarrer" der Gerhardts, war mit siebzig Jahren gestorben. Jetzt begann ein eher unerfreuliches „Stühlerücken". Es gab menschliche Erwartungen, kurfürstliche Empfehlungen und bittere Enttäuschungen. Am Ende stand ein Team von drei ganz neuen Kollegen da. Darunter auch Paul Gerhardt. Er war für die dritte Pfarrstelle an Sankt Nicolai vorgesehen. Als „Diakonus" sollte er vor allem die Bereiche Bildung und Gemeindekatechese betreuen. Aus dem einstigen Familienpädagogen sollte ein Berliner Gemeindelehrer werden.

Als die Berufung das Mittenwalder Pfarrhaus erreicht, zögert Gerhardt. Er sagt nicht gleich zu. In Berlin gibt es sicher viel Verlockendes und Bekanntes. Ihn würden dort eine inspirierende Umgebung und ein gutes Gehalt erwarten. Keine materiellen Sorgen mehr. Die Stadt war im Aufbruch. Die neue Stelle wäre zwei-

Die Nicolaikirche in Berlin

fellos ein Karrieresprung. Aber ist das auch Gottes Weg mit ihm? Durfte er die Gemeinde verlassen, die ihm vor sechs Jahren feierlich anvertraut worden war? Jetzt erst kennt er doch die Menschen richtig, hat Zugang zu ihren Herzen. Darf er seinen Platz vor dem Mittenwalder Altar räumen, den doch Vorgänger Propst Gallus unter Einsatz seines Lebens verteidigt hatte? Ist der „gute Hirte" nicht der, der dient, statt zu herrschen, der sich hingibt, statt die eigene Ehre zu suchen? Es mögen viele ernste Gespräche in jenen Tagen stattgefunden haben. Das feine Gewissen Paul Gerhardts war sicher nicht mit finanziellen Argumenten zu überzeugen. Er musste Gottes

„Schickung und Regierung" in dieser Berufung erkennen. Schließlich folgte er aber doch den auffordernden Argumenten seiner Freunde, die ihm sicher deutlich gemacht haben: „Der politische Druck nimmt zu. Die Luft wird dünner für uns Lutheraner. Wir brauchen jetzt Leute mit Kopf und Herz. Wir brauchen einen Mann wie dich in Berlin. In der Residenz, dort, wo die Musik spielt! Komm bitte zu uns."

Nach einer Woche Bedenkzeit nimmt Gerhardt am 4. Juni 1657 das Amt an: „in der christlichen Hoffnung und Zuversicht, dass fromme Herzen mit ihren emsigen Gebeten mir zu Hilfe kommen und dass durch solch ein geringes Werkzeug, wie ich mich erkenne, Gottes heilige Gemeinde wohlgebauet werde."

Er ist jetzt fünfzig Jahre alt und darf anfangs noch fünf friedliche Jahre in Berlin verbringen. Ruhe vor dem Sturm. Er wirkt umsichtig als Pfarrer, Pädagoge und Poet. In der Zusammenarbeit mit Johann Crüger entstehen noch einige wertvolle Lieder. Als dieser 1662 stirbt, erweist sich dessen Nachfolger im Kantorenamt als wirklicher Glücksfall. Der aus Hamburg kommende Musiklehrer Johann Georg Ebeling setzt die erfolgreiche musikalisch-theologische Arbeitsgemeinschaft an der Nikolaikirche fort. In zehn Heften à zwölf Liedern sammelt er fast alle Paul-Gerhardt-Texte und gibt sie ein zweites Mal heraus unter dem Titel: „Pauli Gerhardi Geistliche Andachten". Er legt seine eigenen Melodien darüber. Sie sind bewegter als die Choräle Crügers. Der arienmäßige Charakter erinnert ein wenig an die Oper. Hinter der Größe seines Vorgängers bleibt er zwar zurück, doch einige seiner Melodien setzen sich durch. Klar erkennbar ist sein Stil im schwunghaften Morgenlied „Die güldne Sonne" (EG 449). Sein jugendlicher Überschwang schimmert durch in dem sich weit ausstreckenden Jubel von „Du meine Seele singe" (EG 302). Kraftvoll dicht und mutig vorwärts schreitend klingt es in „Warum sollt ich mich denn grämen" (EG 370).

In diesem Lied fühlt man die drückende Enge der Jahre des Kirchenkampfes. Nun beginnt das Gewitter. Es hatte sich lange schon am dunklen Horizont angekündigt.

Bereits der Großvater des großen Kurfürsten, Johann Sigismund, hatte 1613 seine lutherischen Pfarrer im Schloss versammelt und ihnen unmissverständlich erklärt, dass er zum reformierten Glauben übertreten werde. Wäre er dem allgemeinen Grundsatz gefolgt, dass der Regierende die Religion seines Volkes bestimmen darf (cuius regio, eius religio), so hätte dieser Schritt das Ende der lutherischen Kirche in Brandenburg bedeutet. Der Preis dafür wäre allerdings hoch gewesen: Politische Unruhe, Streit und Auswanderungen wären die Folgen gewesen. Für das arme Land ein schwerer Schlag. So verlangt er – ein seltener Fall in Deutschland – keine religiöse Gefolgschaft von seinem Volk, sondern erkennt in seiner „Confessio Sigismundi" an, dass „es niemand zugelassen sei, über die Gewissen zu herrschen, welches allein dem Herzenskündiger zusteht". Ein erstes Aufflackern der Religionsfreiheit. Der Vorbote eines neuen Rechtsverständnisses.

Für die Lutheraner bleibt allerdings die Situation weiterhin spannend. Johann Sigismund bleibt nämlich von Amts wegen trotz des Glaubenswechsels das Oberhaupt der lutherischen Landeskirche. Ebenso wie seine Nachfolger. Ein seltsames Konstrukt: Als ob einer die Leitung einer Firma „geerbt" hätte, deren Ende er eigentlich wünscht. Riecht das nicht nach „feindlicher Übernahme"? Und tatsächlich greift Johann Sigismund auch kräftig ein in Lehre und Leben der Kirche. Er will die Bekenntnisgrundlagen ändern und fordert, dass die „unzeitigen Eiferer und Zeloten sich außerhalb des Kurfürstentums niederlassen sollen". Eine verordnete „Leisetreterei". Sein Ziel ist es, religiösen Streit zu vermeiden. Ruhe ist die erste Bürgerpflicht.

Diese befohlene „Liberalität von oben" ist charakteristisch für das brandenburgische Herrscherhaus. Im Juni 1740 fordert Preußenkönig Friedrich der Große: „Die Religionen müssen toleriert werden und der Staat muss ein Auge darauf haben." In seiner Regierungszeit werden neue Kirchen gebaut, die sich am Baustil des römischen Pantheons orientieren. Das einstige antike Staatsheiligtum macht preußisches Regierungsdenken deutlich: Alle Götter werden gleichzeitig und gleichwertig verehrt. Der kreisrunde, hierarchielose Kuppelbau demonstriert friedliches Nebeneinander statt kriegerischer Dominanz. Die Berliner Hedwigskathedrale ist dafür ein sprechendes Beispiel. Sie wurde in den Jahren 1747 bis 1773 von Georg Wenzeslaus von Knobelsdorff errichtet. Ein Symbol religiöser Toleranz. Friedrich stellt sich mit diesem Regierungs- und Bauprogramm in eine lange preußische Tradition nationaler und kultureller Offenheit, die bereits im Mittelalter begonnen hatte.

Schon im 12. Jahrhundert holt der erste Markgraf von Brandenburg „Albrecht der Bär" westliche Siedler ins entvölkerte Land an der Oder. Flämische, rheinische und Harzer Bauern kommen in die Sumpfgebiete und machen das Land urbar. Im Spätmittelalter gewährt man den Juden den Zuzug. Sie verbessern die wirtschaftliche Organisation und den Handel. Dann folgen Schweizer Goldschmiede, holländische Handwerker und ab 1685 französische Hugenotten. Die zahlreichen reformierten Glaubensflüchtlinge bringen ganz neue Berufe nach Berlin. Jetzt gibt es Spiegelhersteller, Perückenmacher, Gobelinweber, Seifenhersteller, Hutmacher und Caffetiers. Man baut Spargel an und entdeckt die „Berliner Weiße". Auch die typische „Berliner Boulette" ist französischen Ursprungs.

Die Westorientierung ist das Geheimnis des brandenburgischen Erfolges. Dieses Prinzip gilt bis heute: In der modernen Vielvölkerstadt Berlin heißt es: Integration statt Separation. Zur preußischen Leitkultur gehört eine weltoffene Internationalität. Die kulturelle Identität wird aus der Begegnung mit dem Andersartigen gewonnen. Das Fremde wird das Eigene. Voraussetzung dafür ist religiöse Toleranz. Diese ist staatserhaltend. Das entspricht dem politischen Kalkül und gehört zum Regierungsprogramm der Brandenburger Kurfürsten. Wie kleinräumig und „spießig" wirken daneben die in ihrem Gewissen gefangenen lutherischen Pastoren! Dem Prinzip der Offenheit stellen sie das Prinzip der Wahrhaftigkeit entgegen. Der politischen Weite begegnen sie mit theologischer Tiefe. Die Kurfürsten wollen segeln und die Lutheraner ankern. Kann das gut gehen?

Auch Gerhardts Gegenüber, der große Kurfürst Friedrich Wilhelm, der Enkel von Johann Sigismund, steht in dieser Tradition der Westorientierung und Weltoffenheit. Er ist nicht nur selbst reformiert, sondern fördert auch reformiertes Denken. Seine Gegner werfen ihm vor, dass er das „Welsche aus dem Ausland" allzu kräftig nach Brandenburg hole. Er schickt seine zukünftigen Staatsdiener auf calvinistische Schulen. Reformierte Beamte werden bevorzugt. Es wird opportun, westlich zu leben, reformiert zu glauben und kurfürstlich zu denken. In besseren Kreisen wird es modern, die Staatsräson über das „Pastorengezänk" zu stellen. Man macht sich lächerlich über den „Muff unter den lutherischen Talaren". Das Reformierte wird zur offiziellen „Hofreligion". Es gilt als das „Vernünftigere, Aufgeklärte". Verstand statt Mythen. Zukunft statt Mittelalter.

Hat der Kurfürst nun nicht Recht, wenn er die Religionsunterschiede mit kühlem Verstand angehen möchte, wenn er die Hitzköpfe zur Vernunft bringen will, wenn er die Versöhnung zwischen den Konfessionen fördert? Hat er nicht Recht, wenn er fortsetzt, was sein Großvater bereits angefangen hat, wenn er am Stein einer „unierten Kirche" weiterschafft? Er lädt ein zum Religionsgespräch.

1662 gibt er zwei Edikte heraus, die regeln sollen „wie aller unzeitiger Hass und alle unchristliche Verbitterung eingestellt und der so hochnötige Friede oder, bis dieser erlangt sei, eine christliche Toleranz und evangelische Bescheidenheit mit besserem Eifer gesucht und befördert werden könnte". Dann lädt er die Vertreter der beiden evangelischen Konfessionen ein zum Dialog. Zunächst überlegen die Lutheraner, ob sie überhaupt hingehen sollten. Man hatte ja Erfahrungen mit solchen Vermittlungsversuchen. Man wusste, wohin diese Gespräche führten. Mit Entschiedenheit hatten sich vor Jahren schon die orthodoxen Wittenberger Theologieprofessoren gegen die Versöhnungsvorschläge des Lutheraners Georg Calixtus (1586–1656) gewandt. Allein dessen Name brachte fortan die Gemüter in Wallung. Man sah in ihm einen Nestbeschmutzer.

Calixtus war ein hoch gebildeter Theologe und Humanist. Er wollte zwischen den Konfessionen vermitteln. Auf „dem liebreichen Religionsgespräch in Thorn" 1645 schlug er vor, die christlichen Kirchen wieder zusammenzuführen. Er war der Auffassung, eine Wiedervereinigung sei möglich auf der Basis des apostolischen Glaubensbekenntnisses und durch eine Rückkehr zu urchristlichen Gemeinsamkeiten. Um der Einheit willen wollte er auf alles Zusätzliche verzichten. Er war bereit, wichtige lutherische Lehraussagen samt der Konkordienformel aufzugeben.

Aber wäre das tatsächlich möglich gewesen in dieser bekenntnisstarken Zeit? Luthers Gedanken waren doch alltägliches Lebensbrot geworden. Die Lehre der Rechtfertigung des Sünders war eingedrungen in jedes Bauernhaus und Kinderherz. Die Taufe mit dem „Fahraus" wurde praktiziert als sinnenfälliger Ausdruck des Absterbens und Neuwerdens durch Christus. Das Abendmahl wurde begangen als gewiss machende Feier der realen Gegenwart Christi. Der Glaube galt als alleiniger Ort erfahrbarer Erwählung durch Gott. Sollte man all diese Erkenntnisse einfach weglassen, die heiligsten Güter zur „Nebensächlichkeit" erklären, nur noch die Bibel lesen und an Jesus glauben, und alles Übrige war gleichgültig? Gab es wahre Einheit durch „reduzierte" Wahrheit? Reichte dieses „Schrumpfchristentum" aus, um damit aufrichtig zu leben und getröstet zu sterben? Die in Jahrzehnten mit Blut und Tränen erkämpfte reformatorische Glaubensgewissheit sollte aufgegeben werden? Die „Seelen Seligkeit" dem innerweltlichen Kirchenfrieden opfern? Das war zuviel verlangt. Hier war eine Grenze überschritten. Es kam zum Bruch. Seine lutherischen Glaubensgeschwister waren verletzt und verließen die Gespräche. Sie warfen Calixtus Verrat am Glauben vor und beschuldigten ihn, er sei ein „Synkretist". Eines der schlimmsten Schimpfwörter „rechtgläubiger" Kreise.

Das Wort „Synkretismus" kommt aus dem Griechischen und bedeutet: „sich zusammenkretern, sich vereinigen". Die Bewohner von Kreta galten als nicht besonders charakterfest. Der antike Schriftsteller Plutarch schreibt, dass die zänkischen Inselbewohner normalerweise völlig zerstritten waren. Kam allerdings ein Feind von außen, so begruben sie kurzfristig allen Streit und hielten zusammen wie Pech und Schwefel. War der äußere Feind wieder weg, wurde heftig weitergestritten.

Wie ist diese „Sitte" zu bewerten? Sind „Synkretisten" politische Opportunisten oder kluge Pragmatiker, überzeugungslose Weltmenschen oder einsichtige Strategen? Kann man aus politischer Berechnung heraus Tatsachen einfach unter den Tisch kehren? Soll man die Gräber der evangelischen Märtyrer vergessen? Für die frommen Lutheraner war klar: Die Aufgabe der Wahrheit aus politischen Gründen, allein weil es „vernünftig" und opportun erscheint, das kommt nie und nimmer in Frage! Das Tischtuch war zerschnitten. Enttäuscht reisten sie damals ab aus Thorn. Die negativen Erfahrungen saßen tief: Würde es in Berlin nicht genauso kommen? Würde man den Lutheranern bei einem Scheitern der Gespräche nicht erneut vorwerfen: „Ihr seid die Spielverderber!" Mussten sie nicht damit rechnen, dass sie nachher als „ungehorsame, widerspenstige, friedhässige Leute ausgeschrien" werden? Allerdings: Wer überhaupt nicht kommt, der hat schon von vornherein verloren.

Also erscheinen die lutherischen Verhandlungsführer am 21. August 1662 zum ersten dieser Gespräche. Ein heikles Thema steht zur Debatte: „Was an den reformierten Bekenntnissen führt zur Verdammung?" Mit dieser provozierenden Frage, hinter der freilich reformierte Kräfte standen, wurden die Lutheraner in eine Zwickmühle gebracht: Der Kurfürst war ja auch reformiert. Wollen sie tatsächlich über ihrem Landesherrn das „Verbannungsurteil" sprechen? Wollen sie seinen Glauben in Zweifel ziehen? Und auf der anderen Seite: Wie weit kann man den Reformierten entgegenkommen? Wie weit kann man sich aus dem Fenster lehnen, ohne den festen Stand zu verlieren? Würde man nicht „aus Versehen" Formulierungen wählen, die einem als Anerkennung des reformierten Bekenntnisses ausgelegt werden könnten? Dann ist der Weg zur staatlich verordneten evangelischen Einheitskirche nicht mehr weit. Alle rein ins Pantheon? Das kann nicht sein. Entweder Christus oder der Kurfürst!

Man bewegt sich auf Messers Schneide. Da ist Geistesgegenwart und Intelligenz gefragt. Paul Gerhardt führt die Regie bei den Lutheranern. Er ist zwar nicht „redend", aber „schreibend" dabei. Sein Einfluss ist groß. Er verfasst theologische Gutachten, formuliert Stellungnahmen und liefert Argumente. Er ist der geistige Kopf seiner Partei. Und für damalige Zeiten geht er sehr weit: Dass unter den Reformierten manche Christen seien, will er gerne zugestehen, aber dass die reformierte Religion „als Ganze" christlich sei, muss er entschieden ablehnen. Man spürt den Interessenkonflikt: Der Kurfürst will, dass die Lutheraner sich bewegen. Diese aber sind durch ihr Ordinationsversprechen fest verwurzelt auf dem Grund der reformatorischen Lehre. Dabei wollen sie verharren: Wenn der Anker im Sturm die Bodenhaftung verliert, ist das Schiff verloren. Es muss an den Klippen zerschellen. Die lutherischen Verhandlungsteilnehmer sind hin- und hergerissen zwischen Bibelwort und Fürstenwort, zwischen Gott und Welt, zwischen Wahrheit und Anpassung. Der eine will vorwärtsgehen, und der andere will bleiben. Muss das nicht in Streit und Bitterkeit münden?

Am Ende der Religionsgespräche formulieren die Lutheraner ihre Haltung folgendermaßen: „Wir wollen unverrückt bei allen unseren lutherischen Lehren bleiben, aber wir sind erbötig, den Reformierten alle nachbarschaftliche Liebe und Freundschaft zu erweisen und wünschen ihrer aller Seligkeit von Herzen!" Das ist doch viel! Sie sagen: Wir können zwar nicht über die Schwelle gehen, aber wir reichen euch die Friedenshand. Wir nehmen zwar nicht den reformierten Glauben an, aber wir nehmen euch Reformierte als geliebte „Nächste" an.

Dem Kurfürsten reicht das nicht. Er ist enttäuscht und ergrimmt. Die Gewissensnot seiner „störrischen" Pfarrer kann er nicht verstehen. Bislang hatte er es im Guten versucht, jetzt kommt sein Befehl. Am 16. September 1664 gibt er eine Erklärung heraus. Darin werden die bereits veröffentlichen Edikte noch verschärft. Alle Geistlichen des Landes sollen nun gezwungen werden, einen „Revers" mit folgendem Wortlaut zu unterschreiben:

„Ich will jederzeit Gott mit herzlichem Gebet um die Beförderung der Kirchentoleranz anrufen, und ich werde alle Mittel, die zu der Kirchentoleranz vorgeschlagen werden, annehmen. In den strittigen Lehren will ich mit der äußersten Mäßigung sprechen, die Konkordienformel weglassen, den Exorzismus mildern oder ändern und den kurfürstlichen Edikten gehorsam nachleben. So wahr mir Gott helfen will durch Jesus Christus."

Wer nicht unterschreibt, verliert seine Pfarrstelle. Wer sich dem landesherrlichen Befehl widersetzt, muss gehen. Diktierte Toleranz. Eine Art „Antidiskriminierungsgesetz".

Entsetzen im Land. Ein Angriff auf das Herz des Luthertums. Man wehrt sich, holt Wittenberger Universitätsgutachten ein und insistiert auf „Gewissensfreiheit". Das ärgert den Kurfürsten noch mehr. Ausländische Hilfe habe man nicht nötig. Und die Gewissensfreiheit des Einzelnen ende an der Souveränität der Fürsten.

Verzweiflung und Resignation auf Seiten der Lutheraner. Vor allem als man feststellt, dass die Front bröckelt, dass der „Nachbarkollege", der vorher noch so lautstark „die rechte Lehre" bekannte, schließlich doch flugs den kurfürstlichen Revers unterschrieben hatte. Es ging damals ein Pfarrfrauenspruch um im Land: „Schreib, lieber Herre, schreib, dass er bei seiner Pfarre bleib!" Man kann sich die ängstlich erregten Diskussionen in den Pfarrfamilien vorstellen: „Wenn kleine Kinder nach Brot schreien, was nützt dir dann die Konkordienformel? Hast du nicht eine Verantwortung gegenüber deiner Familie? Sei kein störrischer Rechthaber. Unterschreib den Revers. Der Apostel Paulus sagt doch: ‚Seid untertan der Obrigkeit' (Römer 13,1)!" Verständliche Argumente. Bei vielen siegt das Materielle über das Gewissen. Und im Nachhinein finden sich dann auch biblische Zitate, mit denen das eigene Weichwerden theologisch begründet werden kann. Das war schon immer so. Aber bleibt nicht doch etwas auf der Strecke? Ist das Zurückweichen nicht ein Verfall pastoraler Autorität? Kann ein fliehender Hirte das Vertrauen seiner Schafe gewinnen?

Die Pfarrer an der Berliner Nicolaikirche bleiben hart. Sie allesamt weigern sich zu unterschreiben. Daraufhin werden sie schnurstracks ihres Amtes enthoben. Für den älteren Propst Lilie, der schon auf die siebzig zuging, wird später – mit Rücksicht auf sein Alter – eine Sondervereinbarung formuliert. Er kann diese unterschreiben, ohne das Gesicht zu verlieren, und kehrt in sein Pfarramt zurück. Der Gewissenskampf hatte ihn jedoch so geschwächt, dass er wenige Wochen nach der Unterschrift an den

Folgen eines Schlaganfalls stirbt. Archidiakonus Reinhardt, der zweite Pfarrer von Sankt Nicolai, ist ein tapferer Kämpfer und Weggefährte Gerhardts gewesen. Er war der maßgebliche Debattenredner bei den vorangegangenen Religionsgesprächen. Auch er bleibt unnachgiebig. Bei ihm wird allerdings keine Ausnahme gemacht. Er habe „von Anfang an den Kirchenfrieden gestöret" und muss unverzüglich sein Pfarrhaus räumen. Reinhardt geht ins „sächsische Ausland" und fällt dort einigermaßen „weich". In Leipzig findet der profilierte Theologe eine Anstellung als Professor im Kreise von Gleichgesinnten. Hier gab es keinen Bekenntnisstreit mehr. Zurück bleibt der dritte Nikolaipfarrer. Nun geht es an ihn. Paul Gerhardt muss sich entscheiden.

Am 6. Februar 1666 soll er auf dem Berliner Konsistorium seine Unterschrift unter den kurfürstlichen Revers leisten. Er hatte vorher seine brandenburgischen Amtskollegen inständig ermahnt, nicht zu unterschreiben. Die Lutheraner schätzten den mutigen „Bekenner", die Obrigkeit sah in ihm einen unbotmäßigen „Aufhetzer". So war es nicht anders zu erwarten: Paul Gerhardt verweigert die Unterschrift unter den Revers um seiner „Hertzens meinung" willen. Aus Gewissensgründen kann er nicht vor der Staatsgewalt in die Knie gehen. Automatisch wird ihm daraufhin seine Amtsenthebung mitgeteilt. Die kurfürstliche Verwaltung arbeitet schnell. Am 14. Februar hält er seine letzte Trauung. Sein Dienst in der Berliner Nicolaikirche ist damit beendet. Nach der Stiftung eines Eheverhältnisses folgt die Kündigung seines Arbeitsverhältnisses. Anschließend soll er gesagt haben: „Es ist nur ein geringes Berlinisches Leiden. Ich bin auch willig und bereit, mit meinem Blute die evangelische Wahrheit zu besiegeln und als ein Paulus mit Paulus den Hals dem Schwerte darzubieten." Nacht über Berlin. Wo leuchten die Sterne?

In seinem „christlichen Märtyrerlied" singt sich der Geschlagene Mut zu:

Ist Gott für mich, so trete gleich alles wider mich,
so oft ich ruf und bete, weicht alles hinter sich.
Hab ich das Haupt zum Freunde und bin geliebt bei
Gott,
was kann mir tun der Feinde und Widersacher Rott!

CS 82,1

Gerhardt knüpft inmitten der eigenen Not am Glauben des
Apostels Paulus an, der „gewiss ist, dass weder Tod noch Leben,
weder Engel noch Mächte noch Gewalten, weder Gegenwärtiges
noch Zukünftiges, weder Hohes noch Tiefes noch eine andere
Kreatur uns scheiden kann von der Liebe Gottes, die in Christus
Jesus ist, unserem Herrn"(Römer 8,38.39).

Da sind sich der kleinasiatische und der märkische Paulus
einig: Leiden heißt Christus angehören. Schwäche offenbart die
Spur der Nachfolge. Das Kreuz ist ein Kennzeichen christlicher
Existenz. In unseren Wunden spiegeln sich die Nägelmale Jesu
Christi wieder. Gerade in Tiefe und Ohnmacht sind wir ganz eng
mit ihm zusammen:

Wer sich mit dem verbindet, den Satan fleucht und hasst,
der wird verfolgt und findet ein hohe schwere Last
zu leiden und zu tragen, gerät in Hohn und Spott;
das Kreuz und alle Plagen, die sind sein täglich Brot.
Das ist mir nicht verborgen, doch bin ich unverzagt,
Gott will ich lassen sorgen, dem ich mich zugesagt.
Es kostet Leib und Leben und alles, was ich hab:
An dir will ich fest kleben und nimmer lassen ab.

CS 82, 11–12

In der dreizehnten Strophe, der „Unglücksstrophe" geht er über
den vorliegenden Bibeltext (Römer 8) hinaus und setzt seinem
Kurfürsten ein „Denkmal":

Die Welt, die mag zerbrechen, du stehst mir ewiglich,
kein Brennen, Hauen, Stechen soll trennen mich und dich.
Kein Hunger und kein Dürsten, kein Armut, keine Pein,
kein Zorn der großen Fürsten soll mir ein Hindrung sein.

CS 82,13

Mitten in der Ausweglosigkeit seiner Situation sieht er – wie es
Gerhardtsche Art ist – durch alle Nacht hindurch zu Gott, findet
darin Kraft und bekennt am Schluss des Liedes:

Mein Herze geht in Springen und kann nicht traurig sein,
ist voller Freud und Singen, sieht lauter Sonnenschein.
Die Sonne, die mir lachet, ist mein Herr Jesus Christ,
das, was mich singen machet, ist, was im Himmel ist.

CS 82,15

In Berlin brodelt es. Die Nachricht von der Amtsenthebung Gerhardts erhitzt die Gemüter. Es bildet sich eine Bürgerinitiative,
die die Wiedereinsetzung Gerhardts fordert. Der Unmut über die
kurfürstliche Maßnahme beherrscht die Berliner Stammtische
und Straßen. Es zeigt sich „Kirche von unten": Die Tuchmacher,
Schuhmacher, Bäcker, Metzger, Kürschner, Schneider und Zinn-
gießer machen eine Eingabe an den Magistrat und verlangen,
dass man ihnen ihren „geliebten Prediger und Seelsorger" nicht
wegnehme. Es sei ja „mehr als bekannt, dass dieser Mann nimmermehr gegen den kurfürstlichen Glauben geredet und keine
Seele mit Worten oder Werken angegriffen habe". Und sie for-
dern, dass „dieser fromme, ehrliche und in vielen Landen
berühmte Mann" ihnen gelassen werde. Der Magistrat leitet die
Bitte an den Kurfürsten weiter und fügt den Worten der
Handwerker noch wohlwollend hinzu, „dass wir, beider Religion
Zugetane, ihm wohl Zeugnis geben können, dass er bisher einen
untadelhaften Wandel geführt, sogar dass Euer kurfürstliche
Durchlaucht kein Bedenken tragen lassen, in dero Märckisches

Gesangbuch seine geistlichen Gesänge in ziemlicher Anzahl in Druck zu geben. Sollte nun ein solcher frommer, geistreicher und in vielen Landen berühmter Mann diese Stadt verlassen, wäre zu besorgen, dass Gott unsere Stadt heimsuchen möchte!" Offensichtlich ist es selbst reformierten Beamten peinlich, dass Gerhardt gehen muss.

Werbende Worte, aber der Große Kurfürst bleibt hart. Für ihn ist Gerhardt einer der Schlimmsten. Ein Wortführer des Widerstands. Hier ist ein Exempel zu statuieren! Gerhardt habe „andere Prediger zu sich gerufen und sie ernstlich vermahnet, den Revers nicht zu unterschreiben". Solchem Starrsinn könne nicht nachgegeben werden. Gerhardt muss unterschreiben.

Die Bürger lassen sich durch die barsche Absage nicht entmutigen. Sie gehen den Kurfürsten noch einmal an. Nun stellen sich auch noch die Tischler, Messerschmiede, Hufschmiede, Waffenschmiede und Kupferschmiede hinter das Gesuch. Das bürgerliche Berlin steht auf. Es wendet sich an den Kurfürsten. Doch dieser lehnt die Eingabe erneut ab: „Der Rat soll die Prediger durch sein unnötiges Interzendieren in ihrem mutwilligen und unbefugten Querulieren nicht stärken!"

Erst als die Landstände sich einschalten, kommt die Sache in Bewegung. Sie beklagen, dass die Maßnahme, Geistliche zur Unterschrift unter einen Revers zu zwingen, nicht mit ihnen abgesprochen sei. Dazu wäre der Landesherr verpflichtet gewesen. In dem Vorwurf blitzt etwas auf vom Grundkonflikt jener Zeit: Auf der einen Seite steht der nach alleiniger Macht strebende Kurfürst, dem sich alles unterzuordnen hatte. Der französische Sonnenkönig Ludwig XIV. sagt es später in dem Satz: „Der Staat bin ich!" Dagegen versuchen die Landstände ihre alten Rechte zu wahren. Diese verkörpern das letzte „demokratische" Kontrollorgan im beginnenden Absolutismus. Es ist ein Konflikt zwischen Mittelalter und Neuzeit. Die lutherisch dominierten Landstände sehen sich in der Pflicht, den ungestümen Kurfürsten aufzuhalten. Sie dringen darauf, die Sache zu überprüfen und insbesondere im Fall Gerhardt Milde walten zu lassen. Er solle doch in sein Amt zurückkehren dürfen. Gerhardt sei „ein friedliebender Mann" und „erwießenermaßen von Reformierten und Lutheranern hoch geachtet". Die „Bremser" haben Erfolg.

Friedrich Wilhelm gibt nach. Am 3. Januar 1667 schickt er dem Magistrat ein einlenkendes Schreiben. Mit umständlich formulierten Floskeln verklärt er seinen Rückzug. Er sei der Überzeugung, dass Gerhardt den Sinn der Edikte „nicht recht begriffen" habe, sich aber ansonsten ganz gut benehme. Aus diesen Gründen habe er sich entschlossen, den zuvor Entlassenen wieder in sein Amt einzusetzen. War alles nur ein großes Missverständnis?

Jubel in Berlin. Die städtische Sonntagszeitung „Sonntagischer Mercurius" berichtet, dass „Herr Paul Gerhardts Unschuld" von seiner kurfürstlichen Durchlaucht „gerühmt worden" sei und dass er „alsofort befohlen" habe, „denselbigen in sein Amt zu restituieren".

Der Geheimsekretär des Kurfürsten überbringt Gerhardt die freudige Nachricht. Gerhardt müsste eigentlich glücklich sein: Ein Sieg für die Gewissensfreiheit. Sein Durchhalten hat sich gelohnt! Doch beim Hinausgehen erwähnt der Sekretär noch so beiläufig: „Seine Kurfürstliche Durchlaucht lebten der Zuversicht, er würde sich dennoch allemal Dero Edictis gemäß zu bezeigen wissen und alles Verketzerns und Verdammens der Reformierten sich enthalten!" Im Klartext heißt das: Er braucht den Revers zwar nicht unterschreiben, soll sich aber trotzdem daran halten. Der Kurfürst war Diplomat: Er hatte sich weit hinuntergebeugt zu dem kleinen lutherischen Pastor. Durfte er jetzt nicht ein wenig Entgegenkommen erwarten?

Paul Gerhardt konnte nicht. Er roch die Heuchelei. Sollte denn ein mündlich gegebenes Wort weniger wert sein als ein geschriebenes? Wäre sein Gewissen nicht in jedem Fall gebunden gewesen? Und überhaupt: wie hätte sich der „Verschonte" in Zukunft gefühlt im Kreise seiner Kollegen: der einzige Brandenburger Pfarrer, der den Revers nicht hätte unterschreiben müssen, ein bevorzugter „Edelwiderständler"? Könnte er seinen Dienst mit dieser Gewissenslast noch gewissenhaft tun?

Die mutigen Berliner, seine treue Gemeinde, die engagierten Freunde – so viele hatten sich für ihn eingesetzt. Haben sie ihn jetzt verstanden? Paul Gerhardt kann seinen Pfarrdienst in Berlin St. Nicolai nicht mehr antreten. Er ist gefangen in seinem Gewissen. Als ob es ein Schritt in die Freiheit sei, erklärt er öffentlich den Verzicht auf sein Amt. Viele schütteln fragend den Kopf, doch er kann wie Luther nach dem Wormser Reichstag aufatmend sagen: „Ich bin hindurch!"

In einem Brief an den Kurfürsten begründet er seine Absage: „Ich fürchte mich vor Gott, in dessen Anschauen ich auf Erden wandle und vor dessen Gericht ich dereinst erscheinen muss!" Die Konkordienformel aufgeben hieße für ihn, Christus verleugnen.

In einem Brief jener Tage wird seine sensible Haltung deutlich. „Ich weiß es nunmehr durch Gottes Gnade und habe es gnugsam erfahren, was für Angst oftmals nur allein die große schwere Arbeit demjenigen Prediger, der sein Amt treulich meint, macht. Wenn er nun dazu einen nagenden Wurm seines Gewissens mit hineinbringen sollte, würde er der elendeste Mensch auf Erden sein. Was mit bösem Gewissen geschieht, das ist vor Gott ein Greuel und zieht nicht den Segen, sondern den Flucht nach sich!"

Erinnert er sich in diesen Tagen an sein Elternhaus? An die Geschichten vom Gräfenhainicher Stammtisch, die Erzählungen über den Großvater, der lieber auf das Amt verzichtet hatte und „ins Elend" gezogen war, als mit einem verletzten Gewissen zu leben?

Der Kurfürst hatte jetzt die Nase voll. Er nimmt Gerhardts endgültigen Amtsverzicht unverzüglich an und lässt die Pfarr-

Blick in den Innenraum der Nicolaikirche

stelle neu ausschreiben. Er hatte den Schwebezustand lange toleriert. Jetzt war Schluss. Gerhardt muss endgültig gehen.

Eine schwere Zeit für den „Abgesetzten". In offiziellen Schreiben begegnet oft nur die „sachliche" Seite der Ereignisse, dass daraus auch viele Emotionen hervorgehen, lässt sich unschwer erschließen. Gerhardts privates Leben bleibt von dem kirchenpolitischen Ringen nicht unberührt.

Aus einem jüngst entdeckten Brief geht hervor, dass Gerhardt in dieser Zeit gesundheitlich angeschlagen war. Mehrmals war er „zur Ader gelassen" worden, und sein Arzt hatte ihm „Reden und Gespräche" verboten. Er sollte sich „in aller Stille verhalten". Die Aufregung hatte offensichtlich körperliche Folgen mit sich gebracht. Psychosomatische Phänomene?

Schlimmer noch war die Krankheit seiner Frau Anna Maria. Seit der Geburt des Sohnes Paul Friedrich plagte sie ein „Brustleiden". War es Krebs oder Lungentuberkulose? Ihre Kräfte ließen immer mehr nach. Im Unterschied zu manch anderer Pfarrfrau war sie in all den Jahren der Auseinandersetzung vorbehaltlos hinter ihrem Mann gestanden. Sie verstand seine Gewissensbedenken. „Ihres Mannes Herz" konnte sich „auf sie verlassen" (vgl. Sprüche 31,11).

Und es war noch manch anderes zu tragen, nicht nur das „Dienstliche": Wenige Wochen vor der Amtsenthebung starben zwei Familienmitglieder: der Sohn Andreas Christian und der Vater Andreas Berthold. „Andreas" heißt auf Deutsch: „der Tapfere". Mussten die Gerhardts jetzt nicht doppelt tapfer sein? Welcher Aufruhr mag in ihren Herzen gewesen sein? Die Stimmung klingt ein wenig durch in dem Text, den Anna Maria am 13. Februar 1666 in ihre Bibel schreibt:

„Mein lieber Herr ist heute seines Amtes enthoben worden! Auch diese Prüfung noch. Meine Kraft ist schwach; aber der Herr weiß ja, wie viel ich tragen kann. Halte du aus, mein Gerhardt, schäme dich des Evangeliums von Christus nicht und lege immerdar ein gutes Zeugnis ab vor vielen Zeugen! Ich folge dir ins Elend, in die Wüste, in Not und Tod. Fürchte dich nicht vor denen, die wohl den Leib töten, aber die Seele nicht töten mögen! Gerhardt, ich weiß, du rühmst dich nicht; denn du bist sanftmütig und von Herzen demütig; aber jetzt rühme dich laut und treu, rühme dich des Herrn Jesus Christus! Siehe nicht auf mich und unser Kind; ohne Gottes Willen fällt ja kein Sperling vom Dache; wir werden nicht Hungers sterben; halt aus, mein Gerhardt, bis du gekommen bist, zu dem Berge Zion und zu der Stadt des lebendigen Gottes, zu dem himmlischen Jerusalem, und zu der Menge vieler tausend Engel, und zu der Gemeinde der Erstgeborenen, die im Himmel angeschrieben sind, und zu dem Gott, dem Richter über alle, und zu den Geistern der vollendeten Gerechten, und zu dem Mittler des Neuen Bundes, Jesus' (Hebräer 12)! Gott segne dich, mein Gerhardt! Jetzt fühl ich's wie groß du bist."

Warum tut sich Gerhardt das alles an? Er hätte doch schon lange gehen, den „Bettel hinschmeißen" können. Gräfin Maria Magdalena zu Lippe hatte sich wiederholt nach ihm erkundigt und ihm eine Pfarrstelle angeboten. Er hätte ein friedliches Leben auf dem „lutherischen" Land führen, die Seelen zerstörende Stadt Berlin hinter sich lassen können. Gerhardt aber hatte das gräfliche Angebot freundlich, aber deutlich abgelehnt, denn „was hülfe es, wenn ich gleich ein Königreich, ja die ganze Welt gewinnen könnte und sollte doch Schaden an meiner Seele leiden" (Matthäus 16,26)? Warum scheint es, als ob er den Kampf geradezu gesucht habe? Der Kurfürst hat ihm doch eine goldene Brücke gebaut. Warum war es Gerhardt nicht möglich, ihm wenigstens einen Schritt entgegenzukommen?

Um es klar zu sagen: Kurfürst Friedrich Wilhelm war kein „Antichrist". Man darf ihn nicht mit gewissenlosen Tyrannen vergleichen. Er war überzeugter reformierter Christ, ein frommer Mann. Als man ihm die polnische Königskrone angeboten hatte, lehnte er diese rundweg ab, weil damit die Bedingung verbunden war, den katholischen Glauben anzunehmen. Der benachbarte „lutherische" Sachsenherrscher August der Starke hatte da später weit weniger Gewissensprobleme. Durch eine schnelle Konversion zum katholischen Glauben hatte er sich die polnische Königskrone „über Nacht erkauft". Der Brandenburger Kurfürst dagegen blieb seinem reformierten Glauben treu und bekannte öffentlich: „Eine wohl erkannte Religion darf man um alle Kronen der Welt nicht ändern!" Friedrich Wilhelm war absolut kein Hass-Gegner Gerhardts. Er schätzte dessen Lieder. Viele von ihnen hat er ins „märkische Gesangbuch" hineinbefohlen. „Befiehl du deine Wege" soll des Kurfürsten Lieblingslied gewesen sein.

Überhaupt ragen die Lieder Paul Gerhardts weit über diesen Parteienstreit hinaus. Man findet in ihnen keine Schimpfwörter oder Verketzerungen. Da fehlt jegliches rhetorische Gift. Sie stehen in einer unangreifbaren Höhe. Und man findet Gerhardts Lieder heute ganz selbstverständlich auch in katholischen und reformierten Gesangbüchern. Da gibt es eine Herzenswärme, die gegnerische Linien überwindet.

Paul Gerhardt hat auch niemals die persönliche Integrität und Autorität seines Landesherrn in Zweifel gezogen. Er hat ihn persönlich hoch geschätzt und ihm alle gehörige Ehre zuteil werden lassen. Selbst nach seiner Amtsentlassung hat er sich in Briefen „hochlöblich" über seinen Kurfürsten geäußert. Er bezeichnet ihn als „Wohltäter und ordentlichen Schutzherrn". Friedrich Wilhelm war für ihn akzeptierte Obrigkeit. Warum aber dann trotzdem die hartnäckige Weigerung, ihm in der Frage eines verordneten Kirchenfriedens zu folgen? Keine Unterschrift. Nicht einmal ein „Jein" hinter vorgehaltener Hand.

Paul Gerhardt war ein Mann der Bibel. Er kannte den Unterschied zwischen „irdischer" und „ewiger" Welt. Beides hat sein Recht, aber beides ist auch voneinander zu unterscheiden. So wie es Jesus tut, wenn er zu den Schriftgelehrten sagt: „Gebt dem Kaiser, was des Kaisers ist und gebt Gott, was Gottes ist" (Matthäus 22,21). Es ist die Aufgabe der Obrigkeit, diese irdische Welt zu regieren. Christen müssen ihr darin gehorsam sein. Das würde Gerhardt nie bestreiten. Dabei spielt die „Frömmigkeit" der Regierung eine untergeordnete Rolle. Luther sagt: „Eine gute Regierung ist besser als eine christliche!" Die Obrigkeit muss ihre Pflicht tun, dann ist sie „gut". Ihre Aufgabe ist, „das Rechte zu lohnen und das Böse zu strafen" (Luther). Wo sie diese Aufgabe wahrnimmt, da übt sie „Gottesdienst". Und da müssen die Chris-

ten ihr gehorchen, als ob sie Gott gehorchen. Wenn der Landesherr seine Pflicht tut, wenn er Ordnung hält in der Gesellschaft,
dann müssen die Christen „dem Kurfürsten geben, was des Kurfürsten ist". Gehorsam in Fragen, die „unter dem Glauben"
stehen.

Allerdings gibt es auch Grenzen: die Regierenden sind nämlich, wie alle Menschen, Kinder einer „gefallenen Welt" und
somit „allesamt Sünder" (Römer 3,23). Sie sind Gerechte und
Sünder zugleich, Gerechte durch den Glauben und Sünder nach
dem Fleisch. Deswegen stehen sie in der täglichen Gefahr aller
Menschen, dass sie „sein wollen wie Gott". Der „nagende Wurm"
der Schlange hat es den Menschen im Paradies versprochen: „Ihr
werdet sein wie Gott. Euch werden die Augen aufgehen!" Da sind
Adam und Eva den entscheidenden Schritt zuviel gegangen. Ein
Schritt heraus aus der Seligkeit. Einen Schritt, den Gerhardt
nicht gehen will. Dieser Schritt weg von Gott, weil man wie Gott
sein will, ist die Ursünde des Menschen (1. Mose 3,5). Eine
Grenze wird niedergerissen, und die Seele bekommt einen
Sprung. Die Augen der Menschen gehen auf, aber die Herzen
verschließen sich. Der Mensch hat seine Heimat bei Gott
verloren. Er hört und gehorcht nicht mehr. Das Auge wird sein
Leitorgan. Er giert nach dem Sichtbaren. Er will nicht mehr
„Zweiter" hinter Gott sein, sondern selbst der „Erste". Nicht
mehr auf Gott hören, sondern selber herrschen.

Paul Gerhardt hat schon in Grimma gelernt: Wo der Mensch
Grenzen überschreitet, geht die Welt kaputt. Wo die Obrigkeit
das gesetzte Maß überschreitet, da will sie „sein wie Gott". Wenn
die Regierenden verlangen, man soll ihnen das „geben", was eigentlich „Gottes ist", dann wird der Unterschied zwischen Gott
und Mensch verwischt und dann müssen Christen „Widerstand" leisten. Der Kurfürst wollte nicht nur die irdische Welt
„ordnen" – was seiner Aufgabe entsprochen hätte, er wollte „die

Gewissen" befehligen. Das Gewissen aber ist das Herrschaftsgebiet Gottes in dieser Welt, der Platzhalter des Ewigen in unserem Herzen. Die Gewissen sind Wohnungen Gottes und nicht Spielplätze der Herrschenden. Für Paul Gerhardt war klar: Kein Kurfürst kann die Gewissen „befehligen", denn das hieße, Christus vom Thron stoßen. In diesem Fall gibt es ein christliches Widerstandsrecht gegen die Obrigkeit. Da kann es nur heißen: „Man muss Gott mehr gehorchen als den Menschen" (Apostelgeschichte 5,29).

Kurfürst Friedrich Wilhelm hatte eine politische Vision. Er wollte sein räumlich und geistlich weit auseinanderliegendes Reich vereinen. Er wollte den politischen Frieden. Deswegen sollten die Konfessionen zusammenrücken. Der „Spaltpilz" im Inneren sollte ausgehungert werden, damit es mit dem Land wirtschaftlich und politisch aufwärtsgehen konnte. Das war richtig. Wer die Armut des vom Krieg zerstörten Landes ansieht, muss doch sagen: endlich ein Politiker der nicht ideologisch, sondern vernünftig handelt, endlich einer, der nicht bloß „fromm" redet, sondern „gut" handelt zum Segen der Menschen. Ist das nicht anzuerkennen?

Dagegen hat Paul Gerhardt auch nichts einzuwenden. Er war Lutheraner. Er gestand der Obrigkeit zu, dass sie zum „Wohl des Volkes" handeln und dabei auch harte Beschlüsse durchsetzen muss. Aber Gerhardt weiß darüber hinaus von einem Frieden, der höher ist als alle Vernunft (Philipper 4,7), höher als alles Sichtbare und Verstehbare: „Kein Aug hat's je gesehn." Dieser wird nicht durch politische Diplomatie erreicht, nicht durch menschliches Denken und Wollen, sondern durch das Kreuz und die Auferstehung Jesu Christi. Paulus sagt: „Ihr seid teuer erkauft, werdet nicht der Menschen Knechte" (1. Korinther 7,23).

Den Herren der Welt ist eine Grenze gesetzt. Der Kurfürst darf nicht die Gewissen regieren. Er kann nicht diktieren, wie man von Gott zu glauben oder zu denken habe. Wer durch seine Beziehung mit Jesus Christus eine innere Klarheit gefunden hat, der kann nicht auf Befehl hin aus dem Wörtchen *gewiss* ein *vielleicht* machen. Kann man vor dem Traualtar mit „Jein" antworten? Kann man dem Sterbenden Trost zusprechen mit dem Satz: *Vielleicht* kommst du in den Himmel?" Darf man aus dem aufrichtigen Bekennen freiwillig ins bloße Ahnen zurückfallen? Wer ein Herz teilen möchte, wird es zerstören. Das Gewissen ist keine Hure. Wie einst Martin Luther muss deswegen auch Paul Gerhardt trotz vieler vernünftiger Argumente Widerstand leisten und bezeugen: „Ich bin gefangen in meinem Gewissen. Hier stehe ich, ich kann nicht anders. Gott helfe mir. Amen."

Berlin ist heute die deutsche Hauptstadt. Von hier aus wird das Land regiert. Die Abgeordneten im Bundestag sind formell nicht dem Fraktionszwang oder irgendwelchen Weisungen, sondern „nur ihrem Gewissen unterworfen". Doch wie oft wird der parteipolitische Pragmatismus vor die eigenen Überzeugungen gestellt? Wie oft fragt die Politik nur nach dem Nützlichen und nicht nach der Wahrheit? Wie oft steht das Materielle vor dem Ideellen? Das Auge bestimmt das politische Handeln. Es geht um die Inszenierung, ums „Verkaufen", um Form statt Inhalt, Hektik statt Hören, Vertuschen statt Vergeben.

Man beklagt die verlorengegangenen „Werte" und stellt gleichzeitig das christliche Erbe in Frage. Gehört denn nicht beides unauflöslich zusammen: Wurzel und Frucht, Glauben und Leben, Gewissen und Ethik, biblische Worte und menschliche Werte?

„Schaut auf diese Stadt" hat Bürgermeister Ernst Reuter im Nachkriegsberlin 1948 aller Welt zugerufen. Könnten nicht Regierende und Regierte gerade auf die aufrechten Männer und Frauen dieser Stadt schauen: Paul Gerhardt, Dietrich Bonhoeffer, Martin Niemöller, Käthe Kollwitz und manch andere? Sie haben ihr Gewissen nicht verkauft, sondern waren in ihrer unbeugsamen Haltung ein Platzhalter Gottes mitten in dieser schwachen Welt. Wasserwächter der göttlichen Wahrheit mitten in der Wüste ihrer Zeit.

Letzte Jahre in Lübben
(1669–1676)

HEIMKOMMEN

Kinder, die das Licht der Welt
erblicken, besitzen einen angeborenen „Greifinstinkt". Sie wollen
die neue Welt begreifen und anfassen, sich der Personen und
Dinge bemächtigen. Manchmal verwandeln sich dabei ihre
zupackenden Hände zu Fäusten, als wollten sie sagen: „Das Leben
ist ein Kampf, ich muss mich durchboxen!" Auch bei sterbenden
Menschen kann man diesen kindlichen Instinkt entdecken: Sie
suchen tastend nach einem Menschen, an dem sie sich festhalten
können. Erst wenn der Tod eintritt, öffnet sich ihre Hand und
gibt das Gefasste frei, gibt die alte Welt frei. Am Ende steht das
Loslassen, das Hergeben, das Öffnen für Gottes neue Wirklichkeit. Am Ende steht das Freiwerden für die letzte Wegstrecke der
Lebenswanderung: Aufbruch in die Heimat.

Paul Gerhardt musste in seinem Leben immer wieder lernen,
loszulassen. Wie oft sind ihm menschliches Glück und tragende
Beziehungen unter den Händen zerronnen. Immer wieder
musste er sich in Gottes unerforschlichen Willen einfinden,
Vertrautes aufgeben und sich dem Neuen zuwenden. Dieses Mal
war es gewiss nicht einfach.

Nachdem Gerhardt seines Amtes enthoben worden war, wurde seine Berliner Pfarrstelle zur Besetzung ausgeschrieben. Die
Mühlen der Kirchenverwaltung mahlen langsam. Man lässt sich

Zeit. Ob zufällig oder gewollt: der Amtsantritt des designierten Nachfolgers verzögert sich. Gerhardt kann noch zweieinhalb Jahre in der Berliner Wohnung bleiben. Er bekommt noch einen Teil seiner Bezüge: Beichtgelder und Kasualgebühren. Er erhält sozusagen die „Vertretungskosten" für seine Stelle bis ein Neuer kommt. Doch die Räumung des Pfarrhauses stand zweifellos bevor.

Und nicht nur Amt und Wohnung musste er hergeben, auch seine geliebte Weggefährtin Anna Maria wurde ihm in den Monaten der Arbeitslosigkeit genommen. Nur dreizehn gemeinsame Ehejahre waren ihnen geschenkt. Sie hatten „gute und böse Tage" miteinander durchgestanden: Hochzeiten und Hungerzeiten in Mittenwalde, Aufbruch und Kirchenkampf in Berlin, fünf Geburten und vier Begräbnisse ihrer Kinder. Nur der sechsjährige Sohn Paul Friedrich war ihnen noch geblieben. Mit ihm stand nun der Vater am Sterbebett seiner Frau. Ihr Tod rückte unaufhaltsam näher.

Am 28. Februar 1668 hatte sich ein schmerzhafter Bluthusten eingestellt. Die Ärzte konnten kaum helfen. Anna Maria schrieb am nächsten Tag in ihre Bibel:

„Heute fühle ich es, meine Kräfte schwinden mit jedem Augenblick. Es wird wohl der Bote sein, der mich von hier abruft. Soll es also sein, so gib, Herr, dass ich die Schwachheit meines Herzens besiege! Dir befehle ich meinen lieben Eheherrn und mein einziges Kind, das Du mir aus großer Gnade gelassen hast. In deine Hände befehle ich Seele und Leib. Ich kann nicht mehr, die Hand zittert. Christus ist mein Leben und Sterben ist mein Gewinn."

Ein jahrelanges Siechtum ging nun dem Ende entgegen. Mit klarem Verstand bereitete sich Anna Maria auf ihre Sterbestunde vor. Sie ließ ihren Beichtvater Samuel Lorenz kommen und erbat sich von ihm das Heilige Abendmahl. Paul Gerhardt las ihr dazu

Martin Luthers Predigt vom Abendmahl vor. Ihre Schwester
Sabine, verwitwete Fromm, umsorgte sie mit leiblichen Wohlta-
ten. Man redete offen über das Sterben. Anna Maria tröstete ihre
Lieben: „Bekümmert euch nicht. Es ist doch nichts Gutes in der
Welt. Im Himmel wollen wir uns wiedersehen." Dann bat sie
ihren Mann, er möge ihr einige seiner Passions- und Sterbelieder
vorlesen. Gerhardt war bestimmt ein tapferer Mann, doch wie
mag seine Stimme jetzt gezittert haben, als er unter Tränen auf
das Kreuz deutete und mit der Sterbenden die Worte sprach:

Ich danke dir von Herzen,
o Jesu, liebster Freund,
für deines Todes Schmerzen,
da du's so gut gemeint.
Ach gib, daß ich mich halte
zu dir und deiner Treu
und, wenn ich nun erkalte,
in dir mein Ende sei.

Wenn ich einmal soll scheiden,
so scheide nicht von mir,
wenn ich den Tod soll leiden,
so tritt du dann herfür;
wenn mir am allerbängsten
wird um das Herze sein,
so reiß mich aus den Ängsten
kraft deiner Angst und Pein.

Erscheine mir zum Schilde,
zum Trost in meinem Tod,
und laß mich sehn dein Bilde
in deiner Kreuzesnot.
Da will ich nach dir blicken,

169

da will ich glaubensvoll
dich fest an mein Herz drücken.
Wer so stirbt, der stirbt wohl.

EG 85,8–10

Schließlich nimmt Anna Maria Abschied. Sie umarmt ihre Lieben. Den Sohn Paul Friedrich ermahnt sie, dem Vater gehorsam zu sein. Der Junge weint. Er möchte die Mutter festhalten. Sie soll doch bitte dableiben. Da tröstet sie ihn mit der Erinnerung an den himmlischen Garten, „da die lieben Englein und so viel gute Freunde drin wären, da wollten sie schon einander wieder sehen". Ihrem Mann bekennt sie, dass sie keine Angst vor dem Sterben habe, aber sich doch wünsche, dass Gott bald komme, um sie von den Schmerzen zu erlösen.

Am frühen Nachmittag des 5. März 1668 stirbt Anna Maria Gerhardt, geborene Berthold. Hinter der Kanzel der Nikolai-Kirche wird sie einige Tage später unter großer Anteilnahme der Gemeinde bestattet. Ihre letzte Ruhestätte findet sie dort, wo sie gelebt hat und gestorben ist: ganz nahe am Wort des ewigen Gottes.

Wie ergeht es Paul Gerhardt in dieser Situation? Kein Amt, keine Frau, keine Zukunft? Arbeitslos, verwitwet, etwa auch hoffnungslos? Er schreibt fortan keine Lieder mehr. Es ist, als ob es ihm die Sprache verschlagen hätte und die Quelle seines Dichterherzens versiegt wäre. Nun beginnen die letzten, schweigsamen Jahre seines Lebens.

Gerhardt startet keine erkennbare Initiative zur Wiedererlangung eines Pfarramtes. Waren es Demut oder Schwermut, die ihn so passiv werden ließen? Wieder sind es Freunde, die sein Fortkommen ermöglichen und ihm eine neue Stelle vermitteln. Er wird Archidiakonus in Lübben, einer kleinen Stadt im Spreewald. Bis er die Stelle bekommt, ist es ein langwieriger, zuweilen auch unwürdiger Weg.

Paul-Gerhardt-Kirche in Lübben

In Lübben wachsen heute wie eh und je die weltberühmten Spreewälder Gurken: ein Identifikationssymbol für die einstige „DDR-Küche". Auch der Tourismus stellt, besonders nach der Wende, eine wichtige Einnahmequelle dar. 1999 hat man Lübben zum „staatlich anerkannten Erholungsort" erklärt. Ein beliebter Ausgangspunkt für idyllische Kahnfahrten durch die einmalige Spreewälder Fluss- und Auenlandschaft. Theodor Fontane bezeichnete die Spreewaldmetropole als „verträumtes Ackerstädtchen". Zu Paul Gerhardts Zeiten war die Kleinstadt noch schwer gezeichnet von den erheblichen Brandschatzungen des Dreißigjährigen Krieges.

Lübben liegt zwar nur 85 Kilometer südöstlich von Berlin, dennoch ist das damalige „Verwaltungsstädtchen" von Brandenburg aus betrachtet „sächsisches Ausland". Hier hatte der Große Kurfürst nichts zu sagen. Hier galten seine Edikte nicht. Man durfte sich uneingeschränkt und von Herzen zum Luthertum bekennen, samt „Fahraus" und Konkordienformel.

Lübben war damals „Hauptstadt" der Markgrafschaft Niederlausitz, ein kursächsiches Unter-Regierungszentrum. Die deutschsorbische Gemeinde bestand daher nicht nur aus Handwerkern und Kleinbauern, sondern auch aus Beamten und Verwaltungsleuten.

Nachdem eine der beiden Pfarrstellen frei geworden war, wurde Paul Gerhardt von Freunden dem dortigen Magistrat empfohlen. Daraufhin laden Anfang Oktober 1668 die Ratsherren „einen gewissen Prediger Paul Gerhardt" zur Probepredigt nach Lübben ein. Mit dem Pferdewagen wird er von Berlin nach Lübben gebracht. Viel Respekt vor seinem Namen spürt man im Einladungsbrief nicht. Seine Lieder werden überhaupt nicht erwähnt. Wissen die Lübbener, welche Persönlichkeit da zu ihnen kommt?

Donnerstags reist er an. Er wahrt die Form und stellt sich zuerst beim Generalsuperintendenten Johann Georg Hutten vor. Dann schaut er sich die örtlichen Gegebenheiten an. Am 20. Sonntag nach Trinitatis hält er seine erste Predigt vor der Lübbener Gemeinde. Er findet Gefallen. Der Rat der Stadt hat an seiner Predigt „Beliebung geschöpfet". Besonders freuen sie sich über seine „reine Lehre".

Paul Gerhardt steht einer Übernahme der Pfarrstelle aufgeschlossen gegenüber: „Wenn es Gottes Wille ist", würde er „Gott zu Ehren solchen Archidiakonatsdienst" annehmen, sobald er die noch „notwendig zu verrichtenden Sachen in Berlin" erledigt habe. Allerdings weist er bereits in seinem ersten Brief darauf hin, dass das Pfarrhaus in einem katastrophalen Zustand sei: „Da mir die Wohnung, in welcher ich mich aufhalten sollte, gezeigt wurde, erschrak ich von Herzen." Gerhardt hatte nicht gleich bei der ersten Besichtigung „tadeln" wollen, aber jetzt musste er doch bemerken, dass er „in einem solchen Hause nicht wohne könne".

Die Lübbener sind zunächst entschlussfreudig: Drei Wochen nach der Probepredigt stellt der Lübbener Magistrat die Berufungsurkunde aus und stellt die Renovierung des Pfarrhauses in Aussicht. Man hoffe, dass Paul Gerhardt sich sobald wie möglich in Lübben „einfinden werde". Doch Gerhardt musste erst seine „Berliner Sachen" ordnen. In der Stralauer Straße gab es noch Schweres durchzustehen. Der einzige Sohn Paul Friedrich war von einer lebensbedrohlichen Erkrankung befallen worden. Drohte Gerhardt jetzt der Verlust seines letzten noch lebenden Kindes? Auch die Schwägerin Fromm, die seit dem Tod seiner Frau den Haushalt geführt hatte, konnte in diesen Wochen vor Schmerzen „weder gehen noch stehen". Ein Brief an Generalsuperintendent Hutter im Frühjahr 1669 zeigt Gerhardt in depressiver Stimmung, fast panisch. Er hat genug von der Trübsal dieses Lebens, sieht kaum mehr Perspektiven. Er wirkt erschöpft und resigniert.

Auch die Renovierungsarbeiten am Lübbener Pfarrhaus gehen nicht recht voran. Bis zum Februar 1669 ist noch kein Handschlag an dem baufälligen Gebäude getan. Gerhardt weist in einem weiteren, deutlich schärferen Brief darauf hin, dass er keine herausragenden Bedürfnisse habe und kein „großes Werk" begehre. Er erwarte keinen „adeligen Sitz", lediglich eine „Priesterwohnung, darin ein Seelsorger sich mit den Seinen notdürftig aufhalten" könne. Wenigstens eine Amtsstube sollte doch vorhanden sein. Hat man nach solch harten Zeiten des Kampfes, der Entbehrungen, des Leidens nicht einen Ort des stillen Studierens und Betens verdient? Ist Gerhardt nach den jahrelangen Auseinandersetzungen mit dem Großen Kurfürsten des Verhandelns müde geworden, vielleicht ein wenig gereizt und frustriert?

Und den Lübbenern ging es umgekehrt ähnlich: Die „Lust" der Spreewaldgemeinde am neuen Berliner Pfarrer war gewichen. Böse Gerüchte machen die Runde. Wilde Briefe gehen hin und her: „Dem alten Pfarrer war doch die Unterkunft auch recht.

Jetzt kommt so ein Städter aufs Land und hat hohe Ansprüche. Soll es dem Pfarrer besser gehen als uns? Warum braucht er so ein feudales Haus? Hat wohl viele Verwandten, die alle auf unsere Kosten leben wollen? Will er einen Bierhandel aufmachen, einen Ausschank eröffnen? Und schaut sein hohes Alter an: Kann der überhaupt noch Besuche machen? Wenn die Pest kommt, dann ist er schnell weg und lässt die Gemeinde im Stich! Da haben wir uns was eingehandelt!"

Paul Gerhardt war vielleicht nicht besonders diplomatisch gewesen – in seinem Auftreten und in seinen Briefen, aber diese Vorwürfe hatte er nicht verdient. Er musste jetzt handeln und erklärte öffentlich, dass seine Familie nur aus sechs Personen bestehe: er selbst und sein Sohn, die Schwägerin Sabine Fromm und deren Sohn, sowie zwei Bedienstete. Er versprach, sein Bier nur zum Eigenverbrauch herzustellen und im Falle, dass die Pest ausbräche, in der Stadt zu verbleiben. Daraufhin nahm die kurfürstliche Administration den Ratsherren die Leitung der Renovierungsarbeiten aus der Hand. Jetzt ging die Sache vorwärts. Oberpräsident von Hoymb sorgte dafür, dass das Pfarrhaus ordentlich hergerichtet wurde, und im Frühsommer 1669 konnte Gerhardt endlich umziehen. Am 16. Juni 1669 fand seine feierliche Amtseinführung in der Lübbener Kirche statt. Langsam kehrte Ruhe ein.

Mit 62 trat er seinen Dienst an. Sieben Jahre sollte er hier noch verbringen. Über diese Zeit ist nur wenig bekannt. Erhalten ist uns aber ein eindrucksvolles Testament, das Paul Gerhardt wenige Wochen vor seinem Tod für seinen Sohn Paul Friedrich geschrieben hat. Gerhardt dichtet in Lübben keine Lieder mehr. Diese Zeit war für ihn vorbei. Vielleicht hatte er keine Kraft mehr. Vielleicht fehlte einfach auch der musikalische Motivator, Kantoren, wie Crüger und Ebeling es waren, jemand, der ihn forderte und förderte. Sicher sind die letzten Jahre auch von einer gewissen Altersschwermut geprägt. Dennoch ist er nicht hoffnungslos. Er bleibt sich und seinen Überzeugungen treu. Der, den er in seinen Liedern besungen hat, der trägt ihn nun in seiner letzten Zeit. In seinem Testament fasst Gerhardt seinen Glauben, seine Grundwerte, sein Leben zusammen in nüchternen, offenen Worten. Er schreibt:

„Nachdem ich nunmehr des 70. Jahr meines Alters erreicht, auch dabei die fröhliche Hoffnung habe, dass mein lieber frommer Gott mich in kurzem aus dieser Welt erlösen und in ein besseres Leben führen werde, als ich bisher auf Erden gehabt habe: so danke ich ihm zuvörderst für alle seine Güte und Treue, die er mir von meiner Mutter Leibe an bis auf jetzige Stunde an Leib und Seele und an allem, was er mir gegeben, erwiesen hat.

Daneben bitte ich von Grund meines Herzens, er wolle mir, wenn mein Stündlein kommt, eine fröhliche Abfahrt verleihen, meine Seele in seine väterlichen Hände nehmen, und dem Leibe eine sanfte Ruhe in der Erde bis zu dem lieben jüngsten Tage bescheren, da ich mit allen Meinigen, die nur vor mir gewesen und auch künftig nach mir bleiben möchten, wieder erwachen und meinen lieben Herrn Jesum Christum, an welchen ich bisher geglaubet und ihn doch nie gesehen habe, von Angesicht zu Angesicht schauen werde.

Meinem einzigen hinterlassenen Sohne überlasse ich von irdischen Gütern wenig, dabei aber einen ehrlichen Namen, dessen er sich sonderlich nicht wird zu schämen haben.

Es weiß mein Sohn, dass ich ihn von seiner zarten Kindheit an dem Herrn meinem Gott zu eigen gegeben, dass er ein Diener und Prediger seines heiligen Wortes werden soll. Dabei soll er nun bleiben und sich daran nicht kehren, dass er nur wenig gute Tage dabei haben möchte; denn da weiß der liebe Gott schon Rat zu und kann das äußerliche Trübsal mit inniglicher Herzenslust und Freudigkeit des Geistes genugsam ersetzen. Die heilige

Theologiam studiere in reinen Schulen und auf unverfälschten Universitäten, und hüte dich ja vor Synkretisten, denn sie suchen das Zeitliche und sind weder Gott noch Menschen treu. In deinem gemeinen Leben folge nicht böser Gesellschaft, sondern dem Willen und Befehl deines Gottes. Insonderheit

1. tue nichts Böses, in der Hoffnung, es werde heimlich bleiben, denn es wird nichts so klein gesponnen, es kommt an die Sonnen.
2. Außer deinem Amte und Berufe erzürne dich nicht. Merkst du dann, dass der Zorn dich erhitzet habe, so schweige stockstille und rede nicht eher ein Wort, bis du ernstlich die 10 Gebote und den christlichen Glauben bei dir ausgebetet hast.
3. Der fleischlichen sündlichen Lüste schäme dich, und wenn du dermaleinst zu solchen Jahren kommst, dass du heiraten kannst, so heirate mit Gott und gutem Rat frommer, getreuer und verständiger Leute.
4. Tue Leuten Gutes, ob sie dir es gleich nicht zu vergelten haben, denn was Menschen nicht vergelten können, das hat der Schöpfer Himmels und der Erden längst vergolten, da er dich erschaffen hat, da er dir seinen lieben Sohn geschenket hat, und da er dich in der heiligen Taufe zu seinem Kinde und Erben auf- und angenommen hat.
5. Den Geiz fleuch als die Hölle, lass dir genügen an dem, was du mit Ehren und gutem Gewissen erworben hast, ob es gleich nicht allzuviel ist. Beschert dir aber der liebe Gott ein Mehreres, so bitte ihn, dass er dich vor dem leidigen Mißbrauche des zeitlichen Gutes bewahren wolle.

Summa: bete fleißig, studiere was Ehrliches, lebe friedlich, diene redlich und bleibe in deinem Glauben und Bekenntnis beständig, so wirst du einmal auch sterben und von dieser Welt scheiden willig, fröhlich und seliglich. Amen."

Wenige Wochen nach dem Verfassen des Testamentes stirbt Paul Gerhardt. Die Abschiedsstunde wird von Paul Dorsch folgendermaßen beschrieben:

„Am 27. Mai 1676 kam sein Ende herbei. Die Sorge um sein einzig überlebendes Kind, den vierzehnjährigen Paul Friedrich, warf er im Glauben auf den, der ihn selbst wunderbar und doch selig geführt hatte. Als er bei der letzten Ohnmacht und Todesschwäche, die ihn überkam, kaum im Krankensessel sich halten konnte, rief er noch die achte Strophe seines ‚Freudenliedes‘ ‚Warum sollt ich mich denn grämen‘ sich selbst ermunternd zu:

‚Kann uns doch kein Tod nicht töten,
sondern reißt unsern Geist
aus viel tausend Nöten,
schließt das Tor der bittern Leiden
und macht Bahn, da man kann
gehn zu Himmelsfreuden.‘"

Nun war sein „Leib zur Ruhe" gekommen (EG 477). Er hatte das „Bild der Sterblichkeit" abgelegt. „Die matten Glieder" fanden nun ihren Frieden im „Bettlein der Erde". Doch er starb in der gewissen Hoffnung, dass seine Hände nicht bloß diese alte Welt loslassen, sondern eine neue empfangen, dass es nicht nur fortgeht, sondern dass es nach Hause geht. Er hatte darauf vertraut, dass Christus dort „im Himmelssaal" ihm „den Rock der Ehr und Herrlichkeit" anlegen würde und dass das „Herz" „vom Elend dieser Welt und von der Sünden Arbeit frei" sein würde. Zurück bleibt der Segen seiner Lieder. Im „Abendlied" befiehlt er seinen Sohn und alle Kinder dieser Welt unter die Arme des Herrn:

Breit aus die Flügel beide,
o Jesu, meine Freude,
und nimm dein Küchlein ein.

Will Satan mich verschlingen,
so laß die Englein singen:
„Dies Kind soll unverletzt sein."

Auch euch ihr meine Lieben,
soll heute nicht betrüben
kein Unfall noch Gefahr.

Gott laß euch ruhig schlafen,
stell euch die güldnen Waffen
ums Bett und seiner Engel Schar.

EG 477,8.9

Paul Gerhardt wurde am 7. Juni 1676 im Chorraum der Lübbener Kirche beigesetzt. An der Nordwand hat man nach dessen Tod ein Bild von ihm aufgehängt. Es zeigt den Liederdichter lebensgroß im Talar (siehe Umschlagbild). Die Bibel ruht an seinem Herzen. Der rechte Zeigefinger deutet aufs Kreuz. Darunter steht ein lateinischer Text, der als deutsche Übersetzung Gerhardts Leben treffend zusammenfasst:

„Paul Gerhardt, der Theologe, im Sieb des Satans erprobt, danach fromm gestorben zu Lübben im Jahr 1676, im 70. Lebensjahr."

Lübben bedeutete für Paul Gerhardt ein Heimkommen im doppelten Sinn: er kam hier nicht nur in sein Geburtsland Kursachsen zurück. Hier ging es auch in die ewige Heimat Gottes. Ihr hatte er zeitlebens entgegengesehen, -gelebt und -gebetet. Eines der letzten Lieder Gerhardts, noch in Berlin verfasst, bringt das zum Ausdruck:

Ich bin ein Gast auf Erden
und hab hier keinen Stand;
der Himmel soll mir werden,
da ist mein Vaterland.
Hier reis ich bis zum Grabe;

dort in der ewgen Ruh
ist Gottes Gnadengabe,
die schließt all Arbeit zu.

Was ist mein ganzes Wesen
von meiner Jugend an
als Müh und Not gewesen?
Solang ich denken kann,
hab ich so manchen Morgen,
so manche liebe Nacht
mit Kummer und mit Sorgen
des Herzens zugebracht.

Mich hat auf meinen Wegen
manch harter Sturm erschreckt;
Blitz, Donner, Wind und Regen
hat mir manch Angst erweckt;
Verfolgung, Haß und Neiden,
ob ich's gleich nicht verschuld't,
hab ich doch müssen leiden
und tragen mit Geduld.

So will ich zwar nun treiben
mein Leben durch die Welt,
doch denk ich nicht zu bleiben
in diesem fremden Zelt.
Ich wandre meine Straße,
die zu der Heimat führt,
da mich ohn alle Maße
mein Vater trösten wird.

Zu dem steht mein Verlangen,
da wollt ich gerne hin;
die Welt bin ich durchgangen,

daß ich's fast müde bin.
Je länger ich hier walle,
je wen'ger find ich Freud,
die meinem Geist gefalle;
das meist ist Herzeleid.

Die Herberg ist zu böse,
der Trübsal ist zu viel.
Ach komm, mein Gott,und löse
mein Herz, wenn dein Herz will;
komm, mach ein seligs Ende
an meiner Wanderschaft,
und was mich kränkt, das wende
durch deinen Arm und Kraft.

Wo ich bisher gesessen,
ist nicht mein rechtes Haus.
Wenn mein Ziel ausgemessen,
so tret ich dann hinaus;
und was ich hier gebrauchet,
das leg ich alles ab,
und wenn ich ausgehauchet,
so scharrt man mich ins Grab.

Du aber, meine Freude,
du meines Lebens Licht,
du ziehst mich, wenn ich scheide,
hin vor dein Angesicht
ins Haus der ewgen Wonne,
da ich stets freudenvoll
gleich wie die helle Sonne
mit andern leuchten soll.

Da will ich immer wohnen –
und nicht nur als ein Gast –
bei denen, die mit Kronen
du ausgeschmücket hast;
da will ich herrlich singen
von deinem großen Tun
und frei von schnöden Dingen
in meinem Erbteil ruhn.

EG 529

Mit Gerhardts Erbe leben

Im Januar 2006 besuchte ich die „Gurken- und Gerhardtstadt" Lübben im Spreewald: rund um die Paul-Gerhardt-Kirche herum stehen Lastwagen und Kleintransporter. Das Gotteshaus ist eine Baustelle. Es wird gehämmert, gerissen und verputzt. Man bereitet das Gebäude auf das Jubiläum im Jahr 2007 vor: 400 Jahre Paul Gerhardt! Die Tür zur Kirche steht offen. Ich gehe hinein. Es riecht nach Staub und frischer Farbe. Die Bilder und Kunstwerke der Kirche sind mit Tüchern verhängt. Mich überkommt ein heiliger Schauer: „Hier hat er gepredigt. Hier liegt er begraben!" Die Maler scheinen davon unbeeindruckt zu sein. Sie streichen leidenschaftslos die Chorwand und schauen mich unbeteiligt an. Lautstark dröhnt durch die Kirche der Klang eines Radios. Kann man den Ort der Stille nicht ertragen? Über Gerhardts Grab erklingt Diskomusik. Dem „Psalmisten der Christenheit" werden Brandenburgs beliebteste US-Hits vorgespielt.

Wissen die Handwerker, wer Paul Gerhardt war? Wissen sie, dass Generationen von Sterbenden in dessen Liedern Trost und Halt gefunden haben, dass Jahrhunderte lang „hohe und niedrige" Menschen durch seine Worte Sprache und Lebenssinn gefunden haben? Fühlen sie den Schatz, der unter ihnen begraben liegt, den geschichtsträchtigen Boden, auf dem sie arbeiten?

Paul Gerhardt ist in seiner früheren Heimat und wohl auch in anderen Teilen Deutschlands nur noch wenigen bekannt. Als ich bei der Berliner Stadtinformation nachfrage, ob es touristische Angebote zu „Paul Gerhardt" gebe, bekomme ich es zu spüren: Die nette Dame am Service-Schalter windet sich mit freundlichen Worten. Sie erzählt mir von Stadtrundfahrten, Hotels und Events. Doch am Ende muss sie zugeben, dass sie den Namen des Liederdichters noch nie gehört habe. Das sei ja wohl „ein absolutes Spezialfachgebiet", meint sie. Das Erbe Paul Gerhardts – verstaubt und vergessen? Eine kulturelle Randerscheinung?

Doch es gibt auch andere Erfahrungen. Fremdes muss nicht fremd bleiben. Es kann uns (wieder) vertraut werden. Eine Frau erzählt mir in der Seelsorge, wie sie am Tiefpunkt ihrer Depression Paul Gerhardts Texte kennengelernt habe. Nie habe sie sich besser verstanden gefühlt als von diesem Liederdichter. Nie habe jemand kräftiger ihre Gefühle, ihre Erfahrungen in Worte gefasst. „Keiner ist mir in meinem Leiden näher gekommen als dieser vom Leiden gezeichnete Gottesmann. Er hat beschrieben, durch welche Finsternis ich gegangen bin." Die wenigen Liedstrophen aus ihrer Kindheit hatte sie vergessen. Nun aber betet sie Tag für Tag seine Lieder. Wegetrost für schwere Zeiten.

Paul Gerhardt kann wiederentdeckt werden. In der Schule lernen meine Schüler ab der dritten Klasse Gerhardts Lieder auswendig. Deren Eltern wurden diese Texte meist vorenthalten. Viele der damaligen Pädagogen waren der Meinung, Paul Gerhardt wäre zu fern für die heutige Zeit. Ich erlebe dagegen, dass Kinder einen unverstellten Zugang zu dessen alter, bildhafter Sprache entwickeln. Was sie nicht verstehen, ahnen sie. Was dunkel wirkt, erfragen sie. „Eckige, fremde" Begriffe üben gar eine gewisse Faszination aus. Formulierungen, um die man ringen muss, können einem wertvoll werden. Braucht es denn zuerst die Anschauung, bevor der dazugehörige Begriff folgen darf? Muss ich zuerst verstehen, was ich lerne? Kann eine Liedstrophe nicht schon im Herzen ruhen, bevor sie ihre Wirkung und Bedeutung im nachfolgenden Leben entfaltet? Müssen Kinder nicht auch „auf Vorrat" lernen – die berühmte „eiserne Ration"?

Besonders mit der erzählten Lebensgeschichte im Hintergrund finden Gerhardts Lieder eine breite Akzeptanz bei den Schülern. Verbunden mit den „passenden" Ereignissen aus seiner Biographie sprechen die Texte umso deutlicher. Wo Paul Gerhardt regelmäßig gesungen und wiederholt wird, wird er selbstverständlich. Die Schüler singen seine Lieder zwar nicht mit derselben schmetternden Begeisterung wie die synkopenreichen christlichen Schlager, aber sie singen Gerhardt auch nicht in gähnender Langeweile, eher mit einer seltsam stillen Vertrautheit, mit ruhigem Herzen und dem unbewussten Gespür für das Ewige und Bleibende. Und sie singen ihn ihr Leben lang. Auf der Konfirmandenfreizeit gestalten wir regelmäßig einen „Werkstattgottesdienst". Die Konfirmanden suchen Lieder, Gebete und Schriftlesungen selbst aus. Mit den Jahren wurde die Liedauswahl immer „konservativer". Paul Gerhardt ist stets dabei. Wo er von Kindesbeinen an gelernt wurde, scheint er das „kirchliche Kontinuum" zu sein, auch in den Umbrüchen der Pubertät. Und wenn später die Oma stirbt, sitzen die früheren Konfirmanden wieder in der alten Kirchenbank. Die Tränen mögen das Sehen und Singen schwer machen, aber sie haben doch vertraute Worte in ihrem Herzen. Sie treffen auf einen „alten Bekannten", wenn sie einstimmen ins „Befiehl-du-deine-Wege" der Gemeinde, wenn ihr trauerndes Ich aufgefangen wird vom bergenden Wir der Kirche. Die Strohfeuer der lodernden Begeisterung verlöschen schnell. Paul Gerhardt wärmt ein Leben lang.

Der fremd gewordene Gerhardt kann einem also wieder vertraut werden. Auch dadurch, dass der Inhalt über ungewohnte Wege und neue Formen erschlossen wird. Glaubende Herzen können seine tröstende Kraft über kulturelle Grenzen hinweg entdecken. Auch wer nicht mit Gerhardts Versen aufgewachsen ist, kann sie „als spät geliebte Schönheit" (Augustinus) doch noch finden.

In unserer Nachbarstadt gibt es die „Jesus Freaks", eine überkonfessionelle, christliche Jugendbewegung. Die Freaks sind laut ihrer Website der Überzeugung, dass, „trotz Hexenverbrennungen, Kreuzzügen und langweiligen Kirchengottesdiensten hinter der Sache mit Jesus etwas Wahres und Phantastisches" stecke. In provozierender Sprache und exzentrischen Formen leben sie ihren Glauben. Traditionelle Liturgien sind ihnen fremd. Umso überraschter war ich, als ich einen von ihnen traf, wie er lautstark das Lied: „Befiehl du deine Wege" vor sich hinträllerte. Er war nicht in unserem Dorf aufgewachsen. Ich fragte ihn, woher er das Lied kenne. „Von Snubnose!", meinte er. „Unbekannt? Das ist 'ne christliche Rockgruppe. Die haben den Song genial bearbeitet. Ein echt fetter Text!" Paul Gerhardt zwischen Hardrock und Freakstock? Offensichtlich hat er zum Herzen gefunden – über Milieugrenzen hinweg. Der wahrhaft Glaubende sieht den Schatz hinter dem irdischen Gefäß alter Worte.

Auch im Pop-Bereich gibt es neue Wege. Die Berliner Soulsängerin Sarah Kaiser hat 2003 eine CD herausgegeben, auf der sich dreizehn Paul-Gerhardt-Lieder befinden. Mit modernen Interpretationen umgibt sie die „alten, aber aktuellen Texte" mit einem neuen „Gewand". In einer „musikalischen Mischung aus Soul, Gospel, R & B, Jazz und Pop" macht sie den ostdeutschen Liederdichter „für diese Generation zugänglich." Auch kirchenfernen Menschen soll Paul Gerhardt dadurch wieder nahekommen: die alte Botschaft in zeitgemäßer Verpackung.

Warum lohnt sich das, Gerhardts Texte aufs Neue zu finden? Warum wird es auch für die junge Generation notwendig sein, sein Erbe anzutreten? Warum muss es vielleicht gerade ein

Fremdgewordener sein, der uns Heutigen das Andere, das Überraschende sagen kann?

Schenkt Paul Gerhardt nicht lebensnotwendige Aussichten, die auch heute noch über den Horizont irdischer Ausweglosigkeiten hinausreichen? Ein Erbe, das Leben und Hoffnung schenkt?

Helmut Thielicke schreibt in seiner Auslegung zum christlichen Glaubensbekenntnis:

„In vielen Kirchen sind bunte Fenster mit gläsernen Mosaiken. In der Gestalt des Bildes erzählen diese Fenster die großen Taten Gottes. Die ehrwürdigen Gestalten der Propheten und Apostel sehen uns an. Vielleicht sind es auch Stationen des Lebens Jesu oder Symbole der Heiligen Dreifaltigkeit, die uns im Bilde nahe kommen. Diese Fenster haben nicht – oder doch nur nebenbei – den Sinn, die Stätte der Andacht ornamental zu umgrenzen oder die Stimmung der Meditation zu erzeugen. Sie wollen vielmehr eine Botschaft ausrichten. Sie sind sozusagen bildgewordenes Wort und möchten ebenso, wie die Orgel das in den Tönen tut, ‚verkündigen‘. Wenn ich nun eine Kirche von außen sehe (sozusagen um sie herumgehe), erscheinen diese Fenster in einem leblosen Grau in Grau. Sie sind stumm und ohne Aussage. Sobald ich aber den Innenraum betrete, glühen sie in allen Farben auf; dann sind sie von Licht erfüllt, ihre Bilder beleben sich und beginnen tatsächlich zu ‚sprechen‘. Alles was sie mir mitzuteilen haben, war auch vorher auf ihnen abgebildet, als ich ahnungslos um die Kirche herumschlich, aber es war noch nicht ‚für mich‘ da. Ich musste erst im Heiligtum sein, damit die Botschaft mich erreichen konnte.“

Ähnlich überraschend ist es mit den Liedern Paul Gerhardts: Wie die bunten Kirchenfenster erzählen sie die großen Heilstaten Gottes. Von außen mögen sie dunkel und fremd wirken. Gerhardt ist einer billigen Vertraulichkeit entzogen. Aber wer durch das Tor des Glaubens geschritten ist, für den leuchten und wärmen seine Texte. Gerhardts Erbe können wir nur recht antreten, wenn wir eintreten

*Porträt von Paul Gerhardt mit Namenszug
nach einem Kupferstich von Buchhorn*

ins christliche Bekennen. Dann rückt er vom Rand unserer Diesseitskultur in die Mitte des menschlichen Herzens und führt uns in die „beseligende Weite" der Geborgenheit Gottes. Dann entdecken wir die „Nachtherbergen für die Wegwunden" (Nelly Sachs), die Gerhardt uns in seinen Liedern gebaut hat.

Lebensdaten
von Paul Gerhardt

1607	Geburt in Gräfenhainichen am 12. März 1607
1619	Tod des Vaters Christian Gerhardt
1621	Tod der Mutter Dorothea Gerhardt, geborene Starcke
1622	Eintritt in die Fürstenschule Grimma
1628	Beginn des Theologiestudiums in Wittenberg
1634	(?) Hauslehrer in der Familie des Wittenberger Stadtpfarrers August Fleischhauer Erste lateinische Gedichte
1643	(?) Hauslehrer in der Familie des Berliner Juristen Andreas Berthold Erstes veröffentlichtes deutsches Gedicht
1647	Kantor Johann Krüger veröffentlicht das Gesangbuch „Praxis pietatis melica" mit 18 Liedern von Paul Gerhardt
1651	Propst in Mittenwalde
1653	5. Auflage von „Praxis pietatis melica" mit 64 Liedern von Paul Gerhardt
1655	Eheschließung mit Anna Maria, der jüngsten Tochter von Andreas Berthold
1656	Geburt der Tochter Maria Elisabeth (19. Mai 1656 bis 14. Januar 1657)
1657	Geburt der Tochter Anna Katharina (15. Januar 1657 bis 25. März 1959)

1657	Pfarrer an der Berliner Nikolaikirche
1660	Geburt des Sohnes Andreas (30. November 1660, stirbt gleich nach der Geburt)
1662	Geburt des Sohnes Paul Friedrich (25. August 1662 bis ca. 1716), einziger Sohn, der die Eltern überlebte
1662	Berliner Religionsgespräche (1. September 1662 bis 29. Mai 1663)
1664	Kurfürstlicher Befehl, der den Kirchenstreit verbietet (16. September 1664)
1665	Geburt des Sohnes Andreas Christian (8. Februar 1665, stirbt im selben Jahr)
1666	Amtsenthebung durch den Großen Kurfürsten
1666/67	Gesamtausgabe der Lieder Gerhardts durch Johann Georg Ebeling
1668	Tod von Anna Maria Gerhardt, geborener Berthold (5. März 1668)
1669	Pfarrer in Lübben
1676	Tod von Paul Gerhardt am 27. Mai 1676 in Lübben

Ausgewählte Literatur

Paul Gerhardts Liedstrophen wurden zitiert nach folgenden Textausgaben:
Evangelisches Gesangbuch, Ausgabe für Württemberg, 1. Auflage Stuttgart 1996
(= EG)
Gerhardt, Paul: Wach auf mein Herz, und singe; Vollständige Ausgabe seiner Lieder und Gedichte, hrsg. Von Eberhardt von Cranach-Sichart, Wuppertal 2004
(= CS)

Barz, Paul: Ich bin Bonhoeffer. Roman eines glaubwürdigen Lebens, Gütersloh 2006
Die Bibel. Nach der Übersetzung Martin Luthers, revidierte Fassung von 1984, hrsg. von der EKD, Deutsche Bibelgesellschaft Stuttgart, 1999
Bormuth, Lotte: Fröhlich soll mein Herze springen. Aus dem Leben von Paul Gerhardt, Marburg 2005
Dorsch, Paul: Das Deutsche Evangelische Kirchenlied in Geschichtsbildern, Stuttgart 1928
Erb, Jörg: Paul Gerhardt und seine Lieder, Lahr 1974
Goes, Albrecht: Ein Winter mit Paul Gerhardt, Neukirchen-Vluyn, 1976

Grosse, Sven: Gott und das Leid in den Liedern Paul Gerhardts, Göttingen 2001

Herbst, Wolfgang (Hsg.): Komponisten und Liederdichter des Evangelischen Gesangbuchs, Göttingen 1999

Hesselbacher, Karl: Paul Gerhardt. Sein Leben- seine Lieder, hrsg. v. Siegfried Heinzelmann, 11. Auflage Neukirchen-Vluyn 2004

Hulp, Johannes: Die Lieder unserer Kirche. Eine Handreichung zum Evangelischen Kirchengesangbuch, bearbeitet und hrsg. v. Arno Büchner und Siegfried Fornacon, Göttingen 1958

Klumpp, Martin: Das Wort im Lied. Die Bedeutung Geistlicher Musik in der Zeit der Postmoderne, Vortrag am 11. November 2003 beim Verein „Freunde und Förderer des Stuttgarter Oratorienchors"

Koch, Eduard Emil: Geschichte des Kirchenlieds und Kirchengesang der christlichen, insbesondere der deutschen evangelischen Kirche, 2. Auflage, (drei Bände) Stuttgart 1852/53

Konkordanz zum Evangelischen Gesangbuch, erarbeitet und hrsg. im Auftrag der EKD von Ernst Lippold und Günter Vogelsang, Göttingen 1995

Reich, Christa: Evangelium: Klingendes Wort. Zur theologischen Bedeutung des Singens, hrsg. v. Christian Möller in Verbindung mit der hessischen Kantorei, Stuttgart 1997

Rößler, Martin: Liedermacher im Gesangbuch, Stuttgart 2001

Thielicke, Helmut: Woran ich glaube – Der Grund christlicher Gewissheit, Stuttgart, 4. Auflage 1993

Walther, Albert: Hänicher Geschichten. Heitere Begebenheiten aus der Vergangenheit der Stadt Gräfenhainichen, Gräfenhainichen 1994

Anhang

Reiseinformationen zum „Paul-Gerhardt-Land"

Sein Leben lang wohnte Paul Gerhardt auf dem Gebiet der späteren DDR. Seit der Wende ist das Land wieder frei zu bereisen. Die Gerhardtschen Gedenkstätten erfreuen sich neuen Zuspruchs. Einiges wurde zum 400-jährigen Jubiläum im Jahr 2007 renoviert oder initiiert. Grimma liegt etwas abseits. Die anderen Gerhardt-Orte sind für Autofahrer recht nah beieinander. Alle Orte sind auch mit der Bahn erreichbar. Wer die Stadt liebt, kann in Berlin oder Leipzig Quartier beziehen. Ansonsten empfiehlt sich der Spreewald als idyllischer Ausgangspunkt zur Besichtigung der Gerhardtschen Lebensstationen. Im „Niederen Fläming" (Jüterbog, Dahme, Luckenwalde) wohnt man sozusagen mittendrin im „Paul-Gerhardt-Land". Von hier aus kann man alle Orte bequem anfahren. Zeitlich sollte man mindestens ein verlängertes Wochenende einkalkulieren, am besten fünf Tage. Ein Tipp zum Thema „Unterkunft": Manche Campingplätze bieten Chalets und Ferienwohnungen an, die gerade in der Nebensaison recht günstig sind.

GRÄFENHAINICHEN

Hier wurde Paul Gerhardt am 12. März 1607 geboren. Von Wittenberg, Bitterfeld oder Dessau kommend fahren wir Richtung Rathaus. In der daran vorbeiführenden Pfortenstraße gibt es verschiedene Parkmöglichkeiten. Die Tourist-Information befindet sich im Rathaus am Markt. Dort kann man eine spezielle *Paul-Gerhardt-Führung* buchen (Tel. 03 49 53-3 57 56).

Es bietet sich ein Rundweg an: Wir gehen vom Markt aus die Fußgängerzone rechts hoch (Paul-Gerhardt-Straße) Nach wenigen Metern taucht linker Hand die *Evangelische Stadtkirche St. Marien* auf. Trotz schwerer Zerstörung im Dreißigjährigen Krieg sind romanische Ursprünge der alten Taufkirche Gerhardts noch zu erkennen. Das Gotteshaus kann nach Absprache mit dem Pfarramt besichtigt werden (Tel. 03 49 53-2 20 60). Wir setzen unsere Besichtigung auf der Paul-Gerhardt-Straße fort. Nach wenigen Metern kommt auf der rechten Seite ein Optikergeschäft. Neben dem Schaufenster befindet sich eine historische Tafel, die daran erinnert, dass hier das Geburtshaus des Liederdichters stand, das 1637 beim Überfall durch die Schweden leider zerstört worden ist. Die Paul-Gerhardt-Straße mündet nun in die August-Bebel-Straße. Wir folgen ihr bis auf die Rathenaustraße.

Gegenüber der Kreuzung sieht man den „Park der Freundschaft" und mitten drin: die *Paul-Gerhardt-Kapelle.* Der klassizistische Bau wurde 1844 fertig gestellt. Hier befindet sich eine Dauerausstellung über das Leben und Wirken Paul Gerhardts. Eine Paul-Gerhardt-Bibliothek lädt zu Studien ein. Auf der Rückseite der Kapelle, die heute als Einlass dient, steht oberhalb des Portikus die Inschrift: „Kann uns doch kein Tod nicht toedten." Gerhardts letzte Worte. Die Kapelle hat mittwochs bis sonntags von 13.00 Uhr bis 17.00 Uhr geöffnet. Wir setzen unseren Paul-Gerhardt-Weg fort und gehen wieder ein Stück auf der August-Bebel-Straße zurück, um dann rechts in die Straße des Friedens einzubiegen. Auf dieser gehen wir bis zur Karl-Liebknecht-Straße, der wir nach links folgen.

Nach wenigen Metern kommen wir zum *Paul-Gerhardt-Haus.* Dieses wurde zum Gedächtnis an den 300. Geburtstag des Liederdichters in den Jahren 1907 bis 1909 als christliches Vereinshaus aufgebaut. Davor steht ein *Paul-Gerhardt-Denkmal* des Berliner Bildhauers Johann Friedrich Pfannschmidt (1911). Jahrzehntelang befand sich hier ein Kindergarten. Seit den 90er Jahren ist dort das Evangelische Gemeindehaus. Das Haus kann nicht besichtigt werden. Wir setzen den Weg auf der Liebknecht-straße fort und kommen zur Schulstraße. Dort zeigt sich bald ein großes Backsteingebäude mit dem Namen *Paul-Gerhardt-Gymnasium.* Dann sieht man schon die Kirche und die dahinter liegende Fußgängerzone, die uns wieder zum Parkplatz zurück-führen wird.

Noch ein Tipp: Der Naturpark Dübener Heide, der gleich bei Gräfenhainichen beginnt, bietet als flaches Waldgebiet vielfältige Erholungs- und Entspannungsmöglichkeiten durch Spaziergän-ge, Wanderungen und Fahrradtouren. Kleine und größere Seen laden ein zum Baden. Kaum irgendwo passt Gerhardts herrliches Sommerlied besser als hier: „Geh aus mein Herz und suche Freud."

GRIMMA

Die hiesige Paul-Gerhardt-Straße erinnert daran, dass Gerhardt hier von 1622 bis 1627 zur Schule gegangen ist. Am bequemsten erreichen wir die Stadt auf der Autobahn Leipzig-Dresden (A 14), Anschlussstelle Grimma (31). Dort fahren wir ab und gelangen über die Wurzener Straße (B 107) nach Grimma. In der Innenstadt treffen wir auf die Friedrich-Oettler-Straße. Dort links abbiegen und nach 90 Metern noch einmal links: Auf dem Volkshausplatz gibt es reichlich Parkmöglichkeiten. Von hier aus erkunden wir die Stadt zu Fuß.

Nach Überquerung der Friedrich-Oettler-Straße gehen wir geradewegs zur Klosterstraße, die im weiteren Verlauf zur Paul-Gerhardt-Straße wird. Hier treffen wir auf das Gymnasium St. Augustin, heute ein landesübliches Regelgymnasium. Früher befand sich hier eine der drei sächsischen Fürstenschulen, das

Collegium moldanum. In diesem Internat waren Paul und sein Bruder Christian nach dem Tod ihrer Eltern zur Ausbildung untergebracht.

Die Schule kann heute wegen des Schulbetriebs nur in Zusammenhang mit einer Stadtführung besichtigt werden. Auch hier gibt es das besondere Angebot einer *Paul-Gerhardt-Führung.* Diese kann über die Stadtinformation gebucht werden (Tel. 0 34 37-9 85 82 85). Empfehlenswert ist außerdem die Besichtigung der Altstadt, des berühmten Tiefkellersystems unter der Wurzener Straße (festes Schuhwerk und Taschenlampe erforderlich) sowie ein Ausflug zum Kloster Nimbschen, wo Katharina von Bora als Nonne lebte.

LUTHERSTADT WITTENBERG

Paul Gerhardt war hier Student und Hauslehrer. Wir kommen von Berlin (B 2), Coswig (B 187) Leipzig (B 2) oder Jessen (B 187) nach Wittenberg. Die Lutherstadt bietet rund um die Altstadt herum zahlreiche Parkplätze.

Beginnen könnte man mit der Besichtigung des *Lutherhauses* am östlichen Ende der Altstadt (Parkplatz bei der Luthereiche). Das Lutherhaus hat von April bis Oktober täglich geöffnet von 9.00 Uhr bis 18.00 Uhr. (November bis März: Dienstag bis Sonntag, 10.00 Uhr bis 18.00 Uhr). Das ehemalige Augustinerkloster und spätere Wohnhaus Luthers ist heute ein reformationsgeschichtliches Museum. Es zeigt die geistigen und theologischen Grundlagen, auf denen Paul Gerhardt erst zu verstehen ist.

Von hier aus sehen wir auch die *Collegienstraße,* die sich wie eine gerade Hauptstraße durch Wittenberg zieht. Bei der Nr. 7 finden wir eine historische Tafel, die darauf hinweist, dass Paul Gerhardt hier im Hause des früheren Oberpfarrers Fleischhauer gelebt und unterrichtet hat. Interessanter ist jedoch die Rückseite des Hauses. Auch dort befindet sich eine Tafel. Man erreicht sie, wenn man über die Mittelstraße bzw. über den Markt zur Stadtkirche St. Marien geht. Ihre beiden Türme sieht man schon von weitem. Hier bekommt man ein Gespür für Paul Gerhardts „Wohnwelt": Er schaut auf die Fronleichnamskapelle, die sich zwischen seinem Studentendomizil und der Stadtpfarrkirche befindet.

Die Lutherstadt ehrte den Liederdichter, indem sie dem 1883 eröffneten Krankenhaus seinen Namen verlieh. Den Gebäuden, die zur heutigen „Paul-Gerhardt-Stiftung" gehören, begegnet man an verschiedenen Orten der Stadt. Am „Paul-Gerhardt-Stift" war der sachsen-anhaltinische Ministerpräsident Wolfgang Böhmer von 1974 bis 1991 Chefarzt. Überall in der Stadt begegnet man plätschernden Brunnen, die schon zur Zeit Gerhardts ihr Wasser gespendet haben. Setzt man den Weg von der Collegienstraße westwärts über die Schlossstraße fort, kommt man zum anderen Ende der Altstadt. Dort steht die *Schlosskirche*, an deren Tür Martin Luther 1517 die 95 Thesen angeschlagen hat. Diese Aktion gilt als Beginn der Reformation.

BERLIN

Im Berliner Nikolaiviertel hat Paul Gerhardt zweimal gewohnt: Als Hauslehrer in Berlin (1643–1651) in der *Spandauer Straße* und als Pfarrer an der Nikolaikirche (1657–1669) in der *Stralauer Straße*. Beide Straßen existieren noch heute. Die Wohnhäuser, in denen Gerhardt wohnte, wurden allerdings inzwischen mehrfach zerstört. Schilder, die an den ehemaligen Wohnort erinnern, findet man keine.

Im Zentrum der Berlinbesichtigung steht für den Paul-Gerhardt-Interessierten die *Nikolaikirche*. Mit dem Auto kommt man auf der B1 oder B2 hierher. Als Parkplatz eignet sich der breite Mittelstreifen des Mühlendamms. Wer mit der U-Bahn kommt, steigt beim Alexanderplatz aus und geht Richtung

„Rotes Rathaus". Nach Überquerung der Spandauer Straße befindet man sich im Nikolaiviertel. Die Kirche mit ihren zwei spitzigen Türmen ist leicht zu finden. Trotz des historischen Ambientes sind die meisten Häuser keine Originalgebäude. Der überwiegende Teil des im Krieg zerstörten Nikolaiviertels wurde in den achtziger Jahren anlässlich der 750-Jahrfeier der Stadt Berlin anhand alter Vorbilder nachgebaut. Die Gaststätten, Weinstuben und kleinen Läden spiegeln das Altberliner Milieu wieder. Die Nikolaikirche, deren Bau bereits um 1230 begonnen wurde, wurde im Zweiten Weltkrieg bis auf die Außenmauern zerstört. 1981 hat man sie als Museums- und Konzertkirche wiederaufgebaut. Ausstellungsgegenstände im Innern der Kirche und historische Tafeln an der Außenwand erinnern an das kongeniale Zusammenwirken des Kantors Johann Crüger und des Dichters Paul Gerhardt. Ein eindrucksvolles Epitaph in der Kirche zeigt Johann Crüger in Lebensgröße. Das Museum ist montags geschlossen. Öffnungszeiten: Dienstag bis Sonntag: 10.00 Uhr bis 18.00 Uhr, außer mittwochs (12.00 Uhr bis 20.00 Uhr).

MITTENWALDE

Seine erste Pfarrstelle hatte Paul Gerhardt in Mittenwalde (1651–1657). Als Propst war er an der hiesigen *St. Moritzkirche* tätig. In Mittenwalde erlebt er seine ersten Ehejahre, die Geburt und den Tod des ersten Kindes. In der Moritzkirche befindet sich eine *Gedenktafel*, mit der die Eltern Gerhardt den Tod ihrer Tochter betrauerten. Dort steht auch der *Altar* mit dem blutüberströmten Christusangesicht, welches daran erinnert, dass Gerhardt in Mittenwalde vermutlich das Lied „O Haupt voll Blut und Wunden" geschrieben hat. Die Moritzkirche sieht man schon von weitem.

Durch die Yorckstraße fährt man zur Kirchstraße im Zentrum des überschaubaren Landstädtchens. Dort befinden sich Parkplätze. Nach vorheriger Anmeldung beim Pfarramt (Tel.

0 3 37 64-2 03 31) kann die Kirche besichtigt werden. Es gibt die Möglichkeit zur Kirchenführung durch den Pfarrer und das Angebot, Andachten mit Orgelbenutzung selbst zu gestalten. Besonders reizvoll ist die Turmbesteigung, die einen Blick ins weite märkische Land bis nach Berlin eröffnet. Vor der Kirche steht seit den 90er Jahren die Kopie des Lübbener *Paul-Gerhardt-Denkmals*. Der Heimatverein bietet interessante geschichtliche Stadtführungen an, die auch am Pulverturm und dem Berliner Tor vorbeiführen. Daran sieht man die starke Befestigungsanlage der früheren, einst reichen Salzhandelsstadt.

LÜBBEN

In der Spreewaldstadt Lübben hat Gerhardt die letzten sieben Jahre seines Lebens zugebracht. In der örtlichen Kirche ist er auch begraben. Die genaue Grabstelle kennt man nicht mehr. Ursprünglich dem Hl. Nikolaus geweiht ist die Kirche 1931 in *Paul-Gerhardt-Kirche* umbenannt worden. Sie befindet sich mitten in Lübben und ist leicht zu finden.

Der Marktplatz liegt direkt gegenüber und bietet ausreichend Parkplätze. Zum 400. Gerhardt-Jubiläum wurde die Kirche neu renoviert. Davor steht das Original des *Paul-Gerhardt-Denkmals* von Pfannschmidt. Am Portal der Kirche grüßen sechs bedeutende Männer der Kirche: Händel, Luther, Wichern, J. S. Bach, Melanchthon und A. H. Francke. Dazwischen steht der Vers von Paul Gerhardt: „Alles Ding währt seine Zeit, Gottes Lieb in Ewigkeit." Bleiglasfenster im Innern erinnern an weitere Kirchenliederdichter aus Gerhardts Zeit. Die Kirche ist (wenn personell möglich) in den Sommermonaten werktags geöffnet von 10.00 Uhr bis 12.00 Uhr und von 15.00 Uhr bis 17.00 Uhr sowie sonntags nach dem Gottesdienst.

Die Mitarbeiter des Gemeindebüros der Kirchengemeinde sind während der Dienstzeiten telefonisch zu erreichen unter der

Telefonnummer 03546-3122. Koordination von Führungen und Öffnungszeiten der Kirche unter der Telefonnummer 03546-3142. In Gräfenhainichen gibt es auch einen Paul-Gerhardt-Verein. Dieser organisiert Führungen, Vorträge und Konzerte (Tel. 03546-187478). Ist man schon in Lübben, sollte man eine Kahnfahrt im romantischen Spreewald nicht versäumen.

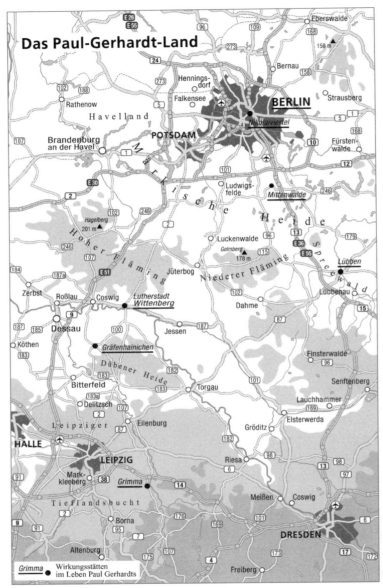